はじめに

　本書は、「大学入学共通テスト」(以下、共通テスト)攻略のための問題集です。

　共通テストは、「思考力・判断力・表現力」が問われる出題など、これから皆さんに身につけてもらいたい力を問う内容になると予想されます。

　本書では、共通テスト対策として作成され、多くの受験生から支持される河合塾「全統共通テスト高2模試」とオリジナル問題を収録しました。

　解答時間を意識して問題を解きましょう。問題を解いたら、答え合わせだけで終わらないようにしてください。この選択肢が正しい理由や、誤りの理由は何か。用いられた資料の意味するものは何か。出題の意図がどこにあるか。たくさんの役立つ情報が記された解説をきちんと読むことが大切です。

　こうした学習の積み重ねにより、真の実力が身につきます。

　皆さんの健闘を祈ります。

本書の使い方

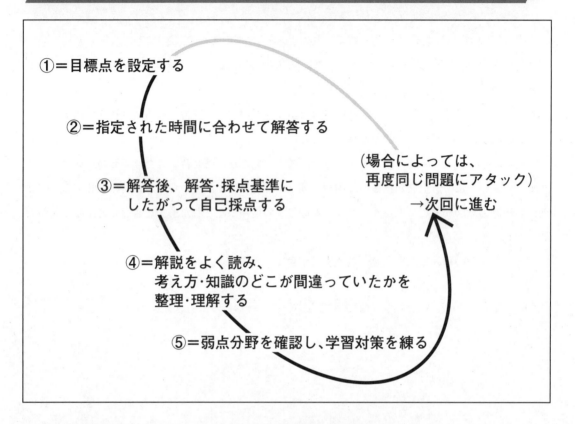

◎次に問題解法のコツを示すので、ぜひ身につけてほしい。

解法のコツ

1. 問題文をよく読んで、正答のマーク方法を十分理解してから問題にかかること。
2. すぐに解答が浮かばないときは、明らかに誤っている選択肢を消去して、正解答を追いつめていく(消去法)。正答の確信が得られなくてもこの方法でいくこと。
3. 時間がかかりそうな問題は後回しにする。必ずしも最初からやる必要はない。時間的心理的効果を考えて、できる問題や得意な問題から手をつけていくこと。
4. 時間が余ったら、制限時間いっぱい使って見直しをすること。

目　次

はじめに		1
本書の使い方		2
出題概要と学習対策		4

［問題編］　［解答・解説編（別冊）］

	問題編	解答・解説編
第1回（'23年度全統共通テスト高2模試）	11	1
第2回	45	19
第3回	85	31
第4回	109	41

出題概要と学習対策

出題概要

　情報科目は2022年入学の高1から導入される新学習指導要領に基づき「情報Ⅰ」と「情報Ⅱ」が新設された。

　「情報Ⅰ」は必修科目であり，共通テストでは「情報Ⅰ」が出題範囲となる。

　「情報Ⅰ」は単にパソコンを使ったり，プレゼンテーションを練習したりする科目ではなく，問題の発見，解決に向けて情報技術を適切かつ効果的に活用する力を育む科目であり，4つの学習内容に分かれる。

　続いて2022年に公表された，独立行政法人　大学入試センター（以降，大学入試センター）の試作問題をもとに概要をまとめた。

　高等学校での情報Ⅰの学習指導要領は，前述したとおり，大きく4つの学習内容に分かれ，そのすべての分野から出題されている。

高等学校での情報Ⅰの学習内容
⑴　情報社会の問題解決
⑵　コミュニケーションと情報デザイン
⑶　コンピュータとプログラミング
⑷　情報通信ネットワークとデータの活用

　大学入試センターによる『令和7年度大学入学共通テスト　試作問題「情報」の概要』では，以下の構成で「情報Ⅰ」の試作問題を作成している。

配点　100点
試験時間　60分
問題数　大問4題・小問19問

問題番号		選択方法	出題内容（平成30年告示高等学校学習指導要領との対応）	配点
第1問	問1	全問必答	(1) 情報社会の問題解決	4
	問2		(4) 情報通信ネットワークとデータの活用	6
	問3		(3) コンピュータとプログラミング	6
	問4		(2) コミュニケーションと情報デザイン	4
第2問	A		(1) 情報社会の問題解決 (2) コミュニケーションと情報デザイン	15
	B		(3) コンピュータとプログラミング	15
第3問			(3) コンピュータとプログラミング	25
第4問			(4) 情報通信ネットワークとデータの活用	25
			合計	100

第1問 4つの学習内容のそれぞれを踏まえた独立した4つの小問による出題となっている。情報社会と人との関わりの中で，情報及び情報技術に関して科学的に理解し，適切に活用できるかが問われている。

第2問 独立した2つの問題（AとB）による出題となっている。

A 「(1) 情報社会の問題解決」と「(2) コミュニケーションと情報デザイン」から私たちの生活の中で利用されている情報技術の一つである二次元コードに関し，その仕組みの理解と探究的な活動の中で得られる規則性や特徴について，また，知的財産権との関わりについて考察できるかが問われている。

B 「(3) コンピュータとプログラミング」から出題されている。文化祭の模擬店の待ち状況という日常的な問題解決の場面で，問題の中で示された乱数を発生させる確率モデルのシミュレーションの考え方を理解し，シミュレーションの結果から読み取れる内容や，変数を変化させた場合の結果を考察できるかが問われている。

第3問「(3) コンピュータとプログラミング」を踏まえて出題されている。買い物において，代金を支払う際の「上手な払い方」を考えるという問題解決の題材において，基本的なアルゴリズムとプログラミングの基本に関する理解をもとに，示された要件を踏まえたプログラムについて論理的に考察できるかが問われている。

第4問「(4) 情報通信ネットワークとデータの活用」を踏まえて出題されている。国が実施した生活時間の実態に関する統計調査をもとに，スマートフォン・パソコンなどの使用時間と睡眠の時間や学業の時間との関係を題材に，データの活用と分析に関する基本的な知識及び技能と，データが表すグラフから読み取れることを考察できるかが問われている。

学習対策

　これから始まる「情報Ⅰ」には，過去問がないため，出題傾向を把握できるように，まずは大学入試センターが公開している試作問題を解いてみよう。

　試験時間は60分なので，時間配分を考えて解く必要がある。

　試作問題では，問題文が長い問題も多くみられ，数学的な思考の問題や計算問題などもある可能性が高いので，前半の知識問題はできるだけ早く解答する必要がある。

　続いて4つの学習内容についての対策を挙げる。

4つの学習内容についての学習対策

(1) 情報社会の問題解決

　問題解決，知的財産権，個人情報，身の回りの情報システム，著作権法，情報モラルなどが問われている。

　基本的には知識問題であるため，情報技術の仕組みを確認しておくことが大切である。あわせて日常的に使用するコンピュータやWebサービスを題材にした設問もあり，それらとの繋がりも確認しておくことが大切である。

特にチェックすべきポイント

☐「情報」という概念や,情報の特性を理解する。
☐ 問題解決の考え方や,問題解決の流れや方法を理解する。
☐ 知的財産や個人情報に関する法制度の目的や,各種の権利を理解する。
☐ 個人情報やセキュリティに関する問題と基本的な対策,情報モラルの考え方を理解する。

(2) コミュニケーションと情報デザイン

　デジタルデータの表し方や情報のデジタル化に関する仕組みなどが問われている。

　この分野も知識問題が中心である。またデータ量の大小やbit数という情報技術の考え方があるので身近なデジタルデータ（動画や画像など）などと関連付けて理解しておくことが大切である。

特にチェックすべきポイント

☐「コミュニケーション」や「メディア」の概念,各種のメディアの特性を理解する。
☐ 文字・画像・音声・動画をデジタル表現するための考え方と工夫を理解する。
☐ 対象や目的を意識した情報デザインの考え方と,情報デザインによる問題解決の流れや工夫を理解する。
☐ 情報デザインにおける抽象化・構造化・可視化とその事例を理解する。

(3) コンピュータとプログラミング

　解決すべき問題を与えられ，それを誘導に従い解決する形式で問われている。プログラミングの基本的な能力を問う内容であるが，ただプログラミングを組むだけでなく，問題解決に必要な情報を抽出し，それを適切に処理する能力が大切である。また，グラフを読んで状況を分析し問題を解

決する形式の問題もあるためグラフを読む能力，情報を分析する能力も大切になる。

プログラミングは急にできないため，普段からプログラミングの練習や学習を行い，類似した問題を解いておくことが大切である。

特にチェックすべきポイント
□ 数値の基数を変換する方法や，データ量の計算方法を理解する。
□ コンピュータが動作するための仕組みや構成を理解する。
□ アルゴリズムの各種の表現方法や，変数や配列，関数を用いたプログラムで表現する方法を理解する。
□ 誤差や計算回数，効率性を考慮したプログラムの改善方法を理解する。

(4) 情報通信ネットワークとデータの活用

ネットワークに重点を置いた情報技術の知識が問われている。基本的にはIPアドレス，パケットなどのネットワーク関係の確認が大切である。またWebサーバーのアクセスログを分析したりするような知識を活用する問題も出題されることが予想されるため，実際のネットワークのイメージも併せて確認しておくことが大切になる。

特にチェックすべきポイント
□ ネットワークを通して通信を行うための仕組みや構成を理解する。
□ 通信の確実性や安全性を守るためのセキュリティ技術の基本を理解する。
□ データの分類や収集方法，データベースによるデータの管理・活用の基本を理解する。
□ データの扱いに関する数学的な理解を元に，基本的なデータの整理・分析方法を理解する。

◎プログラミングの練習をしよう

「コンピュータとプログラミング」の配点が高いことがわかる。プログラミングの対策は必ずしておくことが必要である。プログラムの各行で何がどのように処理されているか，最終の問題解決にどのようにつながっているかを理解する必要がある。

◎文系でも数学の対策はしっかりとしよう

「数学Ⅰ」や「数学A」レベルの計算力が問われる内容も出題されている。特に「数学Ⅰ」のデータの分析の内容を理解する必要がある。（例：箱ひげ図や散布図）

あわせて練習問題などを通じて速く解く力も身につけておく必要がある。

以上のように情報技術の広範な知識と情報技術の応用が問われるため暗記力と思考力も試される。会話文から情報を読み取ったり，データや資料の特徴や図から読み取れることを判断することも必要である。

共通テスト用プログラム表記の例示（2022年11月 大学入試センター公表）

1 変数
通常の変数例：`kosu`, `kingaku_kei`（変数名は英字で始まる英数字と「_」の並び）
配列変数の例：`Tokuten[3]`, `Data[2, 4]`（配列名は先頭文字が大文字）
　※特に説明がない場合，配列の要素を指定する添字は 0 から始まる

2 文字列
文字列はダブルクォーテーション(")で囲む
`moji = "I'll be back."`
`message = "祇園精舎の" + "鐘の声"`　　※ + で連結できる

3 代入文
`kosu = 3, kingaku = 300`　　※複数文を1行で表記できる
`kingaku_goukei = kingaku * kosu`
`namae = "Komaba"`
`Data = [10, 20, 30, 40, 50, 60]`
`Tokuten` のすべての値を 0 にする
`nyuryoku =`【外部からの入力】

4 算術演算
加減乗除の四則演算は，『+』，『-』，『*』，『/』で表す
整数の除算では，商(整数)を『÷』で，余りを『%』で表す
べき乗は『**』で表す

5 比較演算
『==』(等しい)，『!=』(等しくない)，『>』，『<』，『>=』，『<=』

6 論理演算
『and』(論理積)，『or』(論理和)，『not』(否定)

7 関数

値を返す関数例：`kazu = 要素数(Data)`
　　　　　　　　`saikoro = 整数(乱数()*6)+1`

値を返さない関数例：`表示する(Data)`

`表示する(Kamoku[i],"の得点は", Tensu[i],"です")`

※「表示する」関数はカンマ区切りで文字列や数値を連結できる

※「表示する」関数以外は基本的に問題中に説明あり

8 制御文（条件分岐）

```
もし x < 3 ならば:
│ x = x + 1
└ y = y + 1

もし x == 3 ならば:
│ x = x - 1
そうでなければ:
└ y = y * 2
```

```
もし x >= 3 ならば:
│ x = x - 1
そうでなくもし x < 0 ならば:
│ x = x * 2
そうでなければ:
└ y = y * 2
```

※ │ と └ で制御範囲を表し, └ は制御文の終わりを示す

9 制御文（繰返し）

x を 0 から 9 まで 1 ずつ増やしながら繰り返す:
　└ `goukei = goukei + Data[x]`

※「減らしながら」もある

n < 10 の間繰り返す:
│ `goukei = goukei + n`
└ `n = n + 1`

※ │ と └ で制御範囲を表し, └ は制御文の終わりを示す

10 コメント

`atai = 乱数()` 　　　　　　　　#0以上1未満のランダムな小数を atai に代入する

※1行内において # 以降の記述は処理の対象とならない

※　解答上の注意

　高等学校の「情報Ⅰ」の授業で使用するプログラミング言語は多様であることから，2022年11月に大学入試センターが公表した「共通テスト用のプログラム表記」を使用します。参考のために，8・9ページでその基本を例示します。しかしながら，問題文の記述を簡潔にするなどの理由で，この説明文書の記述内容に従わない形式で出題することもあります。したがって，当該問題文の中の説明や指示に注意し，それらに沿って解答しなさい。

第 1 回

―― 問題を解くまえに ――

◆ 本問題は100点満点です。

◆ 問題解答時間は60分です。

◆ 問題を解いたら必ず自己採点により学力チェックを行い,解答・解説,学習対策を参考にしてください。

◆ 以下は,'23全統共通テスト高2模試の結果を表したものです。

人　　数	82,583
配　　点	100
平　均　点	50.0
標 準 偏 差	13.4
最　高　点	100
最　低　点	0

第1問　次の問い(問1～4)に答えよ。(配点　20)

問1　情報セキュリティに関する次の問い(a～c)に答えよ。

a　ユーザIDとパスワードの取り扱いに関する記述として最も適当なものを，次の⓪～③のうちから一つ選べ。ア

⓪　ソーシャルエンジニアリングは，ユーザIDやパスワードを同僚と共有して共同作業を行う新しい業務形態である。
①　安全のため，ユーザIDやパスワードを他者が管理するサーバへ送信するキーロガーを端末に導入しておくことが重要である。
②　パスワードを忘れないよう，公開している自分のメールアドレスのアットマーク(@)より左側の部分をパスワードにするとよい。
③　所属する企業などの組織で配付されたアカウントの初期パスワードは，配付後すぐに変更し，変更後のパスワードは他者に伝えてはならない。

b　マルウェアなどに関する記述として最も適当なものを，次の⓪〜③のうちから一つ選べ。　イ

⓪　USBメモリはコンピュータウイルスの感染経路となりうるため，データのやり取りにはmicroSDカードなどの安全な記憶媒体を使う必要がある。
①　ファイルを暗号化していれば，ファイルを勝手に暗号化し，元に戻すことと引き換えに金銭を要求するランサムウェアの被害にあうことはない。
②　コンピュータウイルスには，表計算ソフトや文書作成ソフトで実行可能なプログラミング言語を用いて作成されたものもある。
③　コンピュータウイルスに感染しても，コンピュータを再起動すれば，感染前の状態に戻すことができる。

c　インターネットを介して安全な通信を行うための暗号化技術として，SSLやTLSと呼ばれるものがある。SSLやTLSに関する記述として**誤りを含むもの**を，次の⓪〜③のうちから一つ選べ。　ウ

⓪　SSLやTLSはデータを暗号化した上で通信する技術であり，SSLやTLSを使っても，通信先が安全な相手であることは保証されない。
①　SSLやTLSを使わない通信では，通信しているデータを第三者に傍受された場合，解読されやすい。
②　HTTPを用いた通信では，SSLやTLSは使われていない。
③　HTTPSを用いた通信ではSSLのみが使われており，TLSは使われていない。

問 2　情報モラルに関する次の問い（a・b）に答えよ。

a　情報モラルについて説明した次の文章の空欄　A　～　C　に入れる語句の組合せとして最も適当なものを，後の⓪～③のうちから一つ選べ。　エ

　人間がある選択を迫られたときに，「法」や「倫理」のような複数の道徳的な価値基準が対立し，どのように行動すべきかを判断することが難しい場合に生じる葛藤を，モラルジレンマという。具体的には，以前，災害が発生した直後に，ある人物が災害に関するテレビ番組をインターネット上で再配信したという事例が挙げられる。この行為は，法的には　A　権の侵害に当たり，　B　法に違反する。だが，多くの人がテレビ放送を視聴できず，行政の支援や避難先などに関する，災害発生後の生活に必要な情報を得ることが難しい状況下では，有効な情報発信として機能した。

　刑法には，自身や他人に迫った危難を回避するためにやむなく行う行為については，生じた害が回避しようとした害の程度を超えない場合，刑罰が科されないという「　C　」の規定が存在している。そのため，モラルジレンマが生じる状況下で行われた行為については，一定の配慮がなされる場合がある。

⓪　A－プライバシー　　　B－個人情報保護　　C－正当防衛
①　A－パブリシティ　　　B－不正競争防止　　C－正当防衛
②　A－公衆送信　　　　　B－著作権　　　　　C－緊急避難
③　A－開示請求　　　　　B－情報公開　　　　C－緊急避難

b　SNS（ソーシャル・ネットワーキング・サービス）を用いたコミュニケーションに関する記述として最も適当なものを，次の⓪〜③のうちから一つ選べ。
　オ

⓪　SNS上で，他人の実名を挙げて中傷する匿名の投稿を見たときには，投稿者の氏名や住所を調べて人物を特定し公表することが閲覧者の義務である。

①　違法行為を撮影した動画をSNS上で公開しても，動画投稿後に一定時間が経過すると削除される設定を使うと，動画を友人どうしだけで楽しめるため，違法行為の証拠は残らない。

②　小学校卒業以降に交流のない知り合いからSNSを使って転送されてきた情報について，その真偽が疑わしい場合には，無視して何もしないことも一つの対応策である。

③　SNS上で犯罪に当たる行為を行っても，本名や住所などがわからないようにして，表向きのアカウントとは別に作成した「裏」のアカウントで発信すれば，罪に問われない。

問3 次の会話文を読み，空欄 カ ～ ク に入れるのに最も適当な数を，後の解答群のうちから一つずつ選べ。また，空欄 ケ に当てはまる数字をマークせよ。

Aさん：十進法で計算する人間と違って，コンピュータは二進法で数を表して処理するのだね。0と1だけですべての数を表すことは，人間にとってはとても大変だけど，コンピュータにとっては二進法の方が扱いやすいというのは，不思議だなあ。

Bさん：でも，数のうちには，数字だけでは表せないものもあるよ。例えば，負の数を表すには，数字以外に「マイナス」という符号も必要になるよ。コンピュータはどうやって，二進法で負の数を表しているのだろう？

Aさん：負の数を含む計算でも，正の数だけの計算と同じように，計算が自然に成り立つようにすればいいんじゃない？例えば，十進法で −2＋3＝1 という数式だけど，それぞれの数を二進法で表記したときにも同じ関係が成立するように，−2の二進法表記を定義すればいいと思うよ。

Bさん：3ビットで表される数値の範囲で考えると，1の二進法表記は カ ，3の二進法表記は キ だから，−2の二進法表記は， ク とするとよいかな。つまり，足した結果で最上位となる4ビット目を無視して，二進法表記の下から3ビットの範囲だけを見ると，次の数式が成り立つね。

ク ＋ キ ＝ カ

Aさん：負の数を考えない二進法だと ク は十進法の ケ を表すけど，「ここでの二進法は負の数を扱う場合もある」ということを理解した上で処理すれば，コンピュータでも負の数を扱えそうだね。

── カ ～ ク の解答群 ──────────────
⓪ 000　　① 001　　② 010　　③ 011
④ 100　　⑤ 101　　⑥ 110　　⑦ 111

問 4　図1と図2は，生徒のAさんとBさんが，情報のデザインについてのプレゼンテーションを行うために，各自で作成したスライド資料である。ふたりのスライドにはほぼ同じ内容の情報が記載されているが，プレゼンテーションのリハーサルを見た生徒間の相互評価では，Aさんのスライドの方がBさんのスライドよりも情報デザインの面で優れているという意見が多かった。Bさんのスライドにおけるデザインの問題点を指摘した意見として**適当でないもの**を，次の⓪～⑤のうちから二つ選べ。ただし，解答の順序は問わない。 コ ・ サ

⓪　Bさんのスライドでは，囲みの図形の違いがその図形内にある情報の内容や構造の違いと関係していない。

①　Bさんのスライドでは，中央揃え（センタリング）によって文章の開始位置が揃っていない部位がある。

②　Bさんのスライドでは，文字の影や斜体など，不必要な情報がノイズとなっている。

③　Bさんのスライドでは，画面上の文字を読み上げるだけでジェスチャーなどもなく，気持ちが伝わらない。

④　Bさんのスライドでは，本文の文字サイズの違いと情報の階層構造が対応していない。

⑤　Bさんのスライドでは，線が細い書体が用いられ，遠くから見た際に文字の視認性が低い。

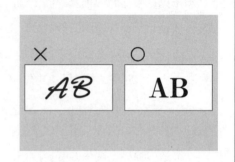

図1　Aさんが作成したスライド

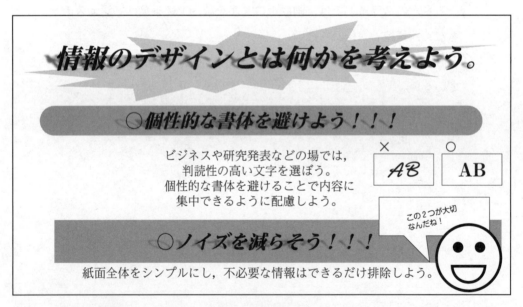

図2　Bさんが作成したスライド

第1回

第2問 次の問い(**A**・**B**)に答えよ。(配点 30)

A 次の会話文を読み,後の問い(**問1〜5**)に答えよ。

先生:この表示板(図1)につけられた,ボコボコした突起の正体を知っているかな?

ゆう:この突起は,目の不自由な人のための点字ですよね。

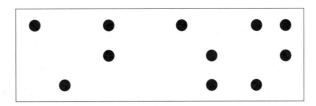

図1 表示板 (●は突起の位置)

※図は実際の点字の大きさとは異なる。

先生:そう。点字は二進法の数のように,デジタルデータとして扱うことができるね。

ゆう:二進法? あの 0 と 1 の数字だけが並ぶものですか。

先生:二進法の「0」と「1」を,状態を表す記号と考えると,二進法の数は 2 つの状態の組合せで情報を表現したデータと言えるね。点字の 1 マスは縦に 3 点,横に 2 点の合計 6 点で構成されているのだけれど,そうすると最大でいくつのパターンを表すことができるかな?

ゆう:1 つの点を二進法の 1 ビットと考えればよいから,理論上は,まったく突起がないパターンも含めて,1 マス当たり最大で ア イ 通りのパターンを作ることができます。

先生:そのとおり。(a)実際の点字では表1,表2のように,❶,❷,❹ の位置に母音を,❸,❺,❻ の位置に子音を割り当て,五十音を表現しているよ。

表1　母音のパターン

❶ ❹ ❷ ❺ ❸ ❻	● － － － － －	● － ● － － －	● ● － － － －	● ● ● － － －	－ ● ● － － －
突起の位置	❶	❶, ❷	❶, ❹	❶, ❷, ❹	❷, ❹
母音	あ	い	う	え	お

（●は突起がある状態，－は突起がない状態を表す）

表2　子音のパターンと組合せの例

か行	❻の点	は行	❸, ❻の点	組合せの例
さ行	❺, ❻の点	ま行	❸, ❺, ❻の点	● ● ● － － －
た行	❸, ❺の点	ら行	❺の点	● － ● － ● －
な行	❸の点			－ ● － － － －
（や行，わ行の割り当ては特殊なため除外）				け

ゆう：すると，(b)表示板(図1)に書いてあった点字は ウ と読み取れます。それぞれの位置に突起がない状態を「0」，突起がある状態を「1」と考えると，1つの文字が二進法の6ビットのデータになります。

先生：そうだね。(c)今，あなたが行った作業と，コンピュータが文字コードと文字を対応付ける作業はまったく同じことだよ。

問1　空欄 ア ・ イ に当てはまる数字をマークせよ。

問2　空欄 ウ に当てはまる単語として最も適当なものを，次の⓪～③のうちから一つ選べ。

⓪　かいさつ　　①　からおけ　　②　くまもと　　③　くろねこ

— 20 —

問3 下線部(a), (b)のそれぞれを，情報のデジタル化に関する概念と対応させた組合せとして最も適当なものを，次の⓪～③のうちから一つ選べ。| エ |

	(a)	(b)
⓪	標本化	量子化
①	量子化	標本化
②	符号化（エンコード）	復号（デコード）
③	復号（デコード）	符号化（エンコード）

問4 下線部(c)に関連した次のA～Dの記述のうちから，正しいものをすべて選んだ組合せとして最も適当なものを，後の⓪～⑨のうちから一つ選べ。| オ |

A 同じ文字であっても，文字コードの体系によって異なる符号が割り当てられることがある。
B 「スペース（空白）」も1文字分のデータ量をもつ。
C 「フォント」を変更したいときは，文字コードを変更すればよい。
D 「絵文字」は文字コードで定義することはできない。

⓪ Aのみ　　　① Bのみ　　　② Cのみ　　　③ Dのみ
④ AとB　　　⑤ AとC　　　⑥ AとD　　　⑦ BとC
⑧ BとD　　　⑨ CとD

— 21 —

問5 先の会話に続く次の会話文を読み，空欄 カ ～ ク に入れるのに最も適当なものを，後の解答群のうちから一つずつ選べ。ただし，空欄 カ ・ キ は解答の順序は問わない。

ゆう：表1や表2についてですが，なぜ，母音は❶，❷，❹，子音は❸，❺，❻と割り振られているのでしょうか。例えば，❶，❷，❸が母音，❹，❺，❻が子音と列ごとに分割した方が覚えやすいように思えます。

先生：では，母音をその方法で表してみようか。

表3　ゆうさんが提案した母音のパターン

❶ ❹	● －	● －	－ －	● －	● －
❷ ❺	－ －	● －	● －	● －	－ －
❸ ❻	－ －	－ －	● －	● －	● －
突起の位置	❶	❶, ❷	❷, ❸	❶, ❷, ❸	❶, ❸
母音	あ	い	う	え	お

ゆう：この並び方で，何か不都合があるのでしょうか。
先生：今は，点字を目で見ているから突起の位置を簡単に識別できるけれど，触るときはどうだろう？
ゆう：そう言われてみると，「 カ 」と「 キ 」は，突起の位置は違うけど，2つの突起の並び方は同じだから，区別しにくいような気がします。
先生：実際の点字ではどうなっているかな？
ゆう：実際の点字では，2つの突起の並び方が，縦，横，斜めとすべて異なっています。これなら触って区別しやすいです。
先生：同じように，母音について， ク も，読み取りにくさを回避する工夫と言ってよさそうだね。

- カ ・ キ の解答群 -
  ⓪ あ ① い ② う ③ え ④ お

- ク の解答群 -
  ⓪ 1つの突起だけで文字を表すパターンが1種類だけであること
  ① 6つの位置での突起の有無によって，文字を表していること
  ② 3つの位置での突起の有無のパターンのすべてを用いていること
  ③ 3つの位置のすべてに突起がある場合，「え」を表していること

B 個人情報に関する次の会話文を読み，後の問い(**問1～3**)に答えよ。

先　生：前回の授業で個人情報に関して勉強しましたね。個人情報とは何でしたか？
Aさん：個人に関する情報で，その情報単体で，もしくはいくつか組み合わせることで個人を識別できるものです。
先　生：そのとおりです。
Bさん：そのうち，本人確認などに用いられるのが基本四情報ですよね。
先　生：基本四情報には氏名・生年月日・住所・ ケ があります。また，それ以外に コ ・ サ などの個人識別符号も，個人の識別に用いられます。個人情報が流出すると様々なトラブルに巻き込まれることになるので，取り扱いには注意が必要です。

問1　空欄 ケ ～ サ に入れるのに最も適当なものを，後の解答群のうちから一つずつ選べ。ただし，空欄 コ ・ サ は解答の順序は問わない。

ケ の解答群
⓪ 本籍地　① 性別　② 職業　③ 電話番号　④ 顔写真

コ ・ サ の解答群
⓪ クレジットカード番号　① 個人番号（マイナンバー）
② パスワード　③ 血液型　④ 病歴　⑤ 指紋データ

— 24 —

問2 下線部に関連して，個人情報の流出を防ぐための行動として**適当でないもの**を，次の⓪〜③のうちから一つ選べ。 シ

⓪ 個人用のパソコンでも，保存されている連絡先が流出する危険があるので，ウイルス対策ソフトをインストールする。
① 「同窓会の連絡をしたいので，友人の連絡先を教えてほしい」などと言われても，すぐには教えず，まずはその友人の了解を得る。
② 部活動の部員名簿を部員で共有する際，クラウドストレージに保存するのは不便なので，印刷して活動場所となるグラウンドの掲示板に貼っておく。
③ スマートフォンを紛失した際などに，第三者に勝手に操作されないよう，面倒でも画面ロックを設定して使用する。

問3 情報社会の権利に関する次の会話文を読み，空欄 ス 〜 テ に入れるのに最も適当なものを，後の解答群のうちから一つずつ選べ。ただし，空欄 チ 〜 テ は解答の順序は問わない。

Aさん：部活動で行うイベントを，地域の掲示板で告知するためのポスターを作りたいのだけれど，Webサイトに載っている写真を勝手に使ってもいいのかな？
Bさん：だめだと思うよ。
先　生：Webサイトに載っている写真は，勝手に使えないものも多いです。引用など権利者の権利が制限される場合を除いては，他人が撮った写真などの創作物を勝手に使ってはいけません。
Aさん：勝手に使ってはいけないのは， ス で守られているからですか？
先　生：うーん， ス は発明を保護するものだから少し違うかな。
Bさん：では， セ があるからですか？
先　生：そうです。写真を撮った人には セ や ソ が発生しますよね。だから，まずはその写真を使用できるかどうかを確認しなければなりません。

Aさん：どのように確認すればよいですか？

先　生：　セ　に関する記号が表示されている場合，それを見れば確認できます。例えば，下のような表示があれば，譲渡できない権利である　ソ　を侵害しない範囲において自由に利用できます。

逆に権利者が創作物に関する権利を保持する場合は，どのように表示されているでしょうか？

Aさん：　タ　が使われていると思います。

先　生：確かに　タ　が表示されていることが多いですね。ただし，　タ　の表示は義務ではないので，表示されていないからといって，勝手に使えるわけではありません。他にも，クリエイティブ・コモンズ・ライセンスを利用することで，権利者が創作物の利用条件に関する意思表示をすることができます。例えば，写真を撮った人の情報の表示は求めるが，営利目的でなければ加工やライセンスの変更も含めて，自由に利用してよいとする場合，　チ　，　ツ　，　テ　を表示します。

Bさん：なるほど。よくわかりました。

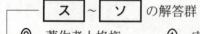

⓪ 著作者人格権	① 実用新案権	② 肖像権
③ 商標権	④ 著作権	⑤ 特許権

— 26 —

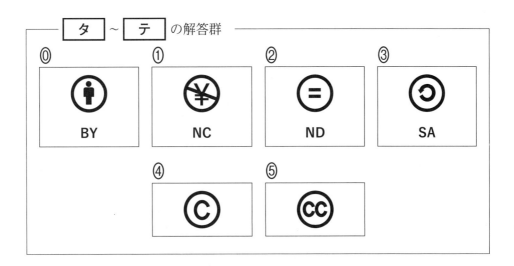

第３問 次の文章を読み，後の問い（**問１～５**）に答えよ。（配点 25）

以降に登場するプログラムは，次の【規則】に従ってクラスの生徒の座席を決めることを目的として，アカリさんが作ったものである。

【規則】

> 実行するたびに各自の座席が定まり，その結果がランダムである。

教室の座席数は **7** であり，**配列の添字は 1 から始まるものとする**。プログラム（ⅰ）に示すように，配列 `Seito` は 7 人の生徒の名前（文字列）を要素とする。また，配列 `Seki` の要素は各席の状態を表し，初めはすべての席が空席である。

```
(1)  Seito = ["アカリ", "ダイキ", "エミ", "ヒロキ", "ナナ",
              "ミサキ", "シュン"]
(2)  Seki = ["空席", "空席", "空席", "空席", "空席", "空席",
              "空席"]
```

プログラム（ⅰ）

シミュレーションの結果，`Seki[i]` に入った名前により，左から `i` 番目の席に座る人が定まる。例えば，`Seki` が，

["ヒロキ", "エミ", "シュン", "ナナ", "ダイキ", "アカリ", "ミサキ"]

になったとすると，実際に座る席は図1のようになる。

| ヒロキ | エミ | シュン | ナナ | ダイキ | アカリ | ミサキ |

図1

― 28 ―

問1　プログラム(ⅱ)は1以上7以下のランダムな整数xを戻り値(返り値)とする関数「**ランダム整数**()」のプログラムである。空欄　ア　に入れるのに最も適当なものを，後の⓪～③のうちから一つ選べ。なお，関数「**乱数**()」は0以上1未満の数値が同じ確率で出現する一様乱数を戻り値とし，関数「**整数(y)**」は0以上の数yを引数としてyの整数部分を戻り値とする。

```
(1)  x = │ ア │
```

プログラム(ⅱ)

⓪　7 * 整数(乱数() + 1)　　　①　7 * 整数(乱数()) + 1
②　整数(7 * 乱数()) + 1　　　③　整数(7 * (乱数() + 1))

問2　アカリさんが，プログラム(ⅰ)に続けてプログラム(ⅲ)を実行することを十分な回数行って実際の生徒の座席を見てみると，【規則】が満たされていなかった。生じた不具合として考えられるものを，後の⓪～③のうちから一つ選べ。
　イ

```
(3)  iを1から7まで1ずつ増やしながら繰り返す:
(4)  │  number = ランダム整数()
(5)  └  Seki[i] = Seito[number]
```

プログラム(ⅲ)

⓪　Sekiの要素の並びが毎回同じであった。
①　Sekiの複数の要素に同じ名前が入る場合があった。
②　Sekiの1つの要素に複数の名前が連結されて入る場合があった。
③　Sekiの要素に "空席" が残る場合があった。

問3 アカリさんはプログラム(iii)を修正し，ある生徒の名前が Seki の要素に代入されたときに，Seito 内でその名前を "席決定" に変えておくことを利用する，次のプログラム(iv)を作った。プログラム(i)に続けてプログラム(iv)を実行することを十分な回数行ったところ，【規則】が満たされていた。空欄 ウ ・ エ に入れるのに最も適当なものを，後の解答群のうちから一つずつ選べ。

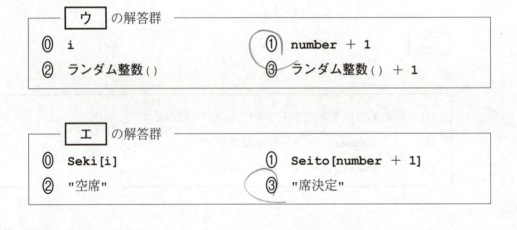

プログラム(iv)

ウ の解答群
⓪ i
① number + 1
② ランダム整数()
③ ランダム整数() + 1

エ の解答群
⓪ Seki[i]
① Seito[number + 1]
② "空席"
③ "席決定"

問 4 プログラム(i),（iv)を続けて実行することを十分な回数行ってみると，プログラムが終了するまでの時間に差が見られた。それは各回のシミュレーションにおいて(6)行目が実行される合計回数が異なることによる。(6)行目が実行される合計回数に関する記述として最も適当なものを，次の⓪〜③のうちから一つ選べ。なお，関数「**ランダム整数**( )」は呼び出されるたびに一定の時間で戻り値を返すものとする。 オ

⓪ 各回のシミュレーションについて，iの値が増えるのに伴い，(6)行目が実行される回数は減る。

① 各回のシミュレーションについて，iの値が増えるのに伴い，(6)行目が実行される回数は増える。

② iの値ごとに(6)行目が実行される回数を考えるとき，それはiの値によらず各回のシミュレーションで異なりうる。

③ iの値ごとに(6)行目が実行される回数を考えるとき，それはiの値が1のときを除き，各回のシミュレーションで異なりうる。

問5 アカリさんは，プログラム(ⅱ)と同様に考えて，1以上の整数 a を引数として 1以上 a 以下のランダムな整数を戻り値とする関数「ランダム整数改(a)」を作った。さらに，プログラム(ⅴ)を作り，プログラム(ⅰ)に続けて実行することを十分な回数行ったところ，実行に要する時間の差は解消された。

次の記述は，プログラム(ⅴ)のアルゴリズムの一部についての説明である。これを読み，空欄 カ に当てはまる数字をマークせよ。また，空欄 キ ・ ク に入れるのに最も適当なものを，後の解答群のうちから一つずつ選べ。

【アルゴリズムの説明】
Seito の要素のうち "席決定" でないものの個数を mitei とする。Seki[i] に代入する人の名前が，Seito の要素のうち "席決定" でないものの中で左から何番目であるかを number とし，number をランダム整数改(mitei)により定める。例えば，i の値 3 に対する処理が始まった際の Seito が，次のようであったとすると，mitei の値は 5 である。
["席決定", "ダイキ", "エミ", "席決定", "ナナ", "ミサキ", "シュン"]

このとき，ランダム整数改(mitei)により number の値が 1 になったとすると，Seki[3] に入る名前は，"席決定" でないものの中で左から 1 番目の "ダイキ" であるから，プログラム(ⅴ)の (11) 行目の j の値は 2 である。同様に，number の値が 4 になったとすると，プログラム(ⅴ)の (11) 行目の j の値は カ である。

```
(3)  mitei = 7
(4)  i を 1 から 7 まで 1 ずつ増やしながら繰り返す:
(5)  │   number = ランダム整数改(mitei)
(6)  │   count = 0, j = 0
(7)  │   count  キ   number の間繰り返す:
(8)  │   │   j = j + 1
(9)  │   │   もし Seito[j] != "席決定" ならば:
(10) │   └     count = count + 1
(11) │   Seki[i] = Seito[j]
(12) │   Seito[j] =  エ
(13) └   mitei =  ク
```

プログラム(v)

─ キ の解答群 ─
⓪ >   ① >=   ② <   ③ <=   ④ ==

─ ク の解答群 ─
⓪ mitei - 1   ① mitei + 1
② ランダム整数改(mitei - 1)   ③ ランダム整数改(mitei)
④ ランダム整数改(mitei + 1)

第 4 問　次の問い（A・B）に答えよ。（配点　25）

A　データの圧縮に関する次の問い（問 1 ～ 4 ）に答えよ。

問 1　デジタルデータの圧縮方法には，可逆圧縮と非可逆圧縮の 2 種類がある。これらのうち，非可逆圧縮に関する記述として最も適当なものを，次の⓪～③のうちから一つ選べ。　ア

⓪　文字のみのデータを圧縮するには，非可逆圧縮が最適である。
①　画像の非可逆圧縮の方法である JPEG や PNG では，人間の目では気づきにくい情報を除くことでデータ量を減らしている。
②　音声の非可逆圧縮の方法である MP3 では，圧縮によりデータ量を減らしても音質が低下しない。
③　一般に，動画はデータ量が膨大であり，非可逆圧縮して利用される場合が多い。

問2 次の文章の空欄 イ ・ ウ に入れるのに最も適当なものを，後の解答群のうちから一つずつ選べ。また，空欄 エ ・ オ に当てはまる数字をマークせよ。ただし，$101_{(2)}$ のように「$_{(2)}$」を付した数は，二進法表記の数である。

可逆圧縮の方法の一つであるランレングス圧縮は，繰り返されるデータの繰り返し回数を数に置き換えてデータ量を減らす圧縮方法である。

図1のような黒白2色，画素数4×4の画像を左上から1行ごとに右方向へ1画素ずつ読み取り，画素の色が黒のとき0，白のとき1と表すと，図1の画像は，0001111111000000 の16ビットに符号化される。

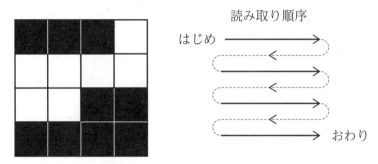

図1　画素数4×4の黒白画像と読み取りの順序

ランレングス圧縮では，同じデータが連続するとき，そのデータと繰り返される回数を並べて表す。色を表す0または1の1ビットの後に，繰り返しの回数を二進法で表して並べることにすると，図1には最大で7回の繰り返しがあるため，繰り返しの回数は $001_{(2)} \sim 111_{(2)}$ の3ビットで表すことができる[注]。この方法によれば，図1のデータは 001111110110 となり，16ビットから12ビットに圧縮できる。このとき，圧縮率は，

$$\frac{12}{16} \times 100 = 75\%$$

となる。

注）繰り返しの回数を表す数値のビット数は，繰り返しの最大数を表すために必要な最小のビット数とする。

図2に示した画素数8×8の画像があり，1画素につき表現可能な色は4色（$00_{(2)}$, $01_{(2)}$, $10_{(2)}$, $11_{(2)}$ のいずれかで表されるので，色の情報に2ビットを使用する）とする。この画像データに前記のランレングス圧縮を行うと，同じ色が続く区間では，圧縮後の1区間当たりのデータ量は　イ　ビットになる。また，色が切り替わるごとにデータ量が　イ　ビットずつ増加するので，4行目のデータ量は　ウ　ビットになる。

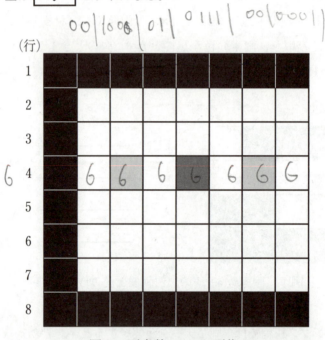

図2　画素数8×8の画像

　さらに，図2の画像の1行目から2行目までの16画素を，この圧縮方法で圧縮した場合の圧縮率を，小数第1位を四捨五入して整数で表すと，　エ　オ　％となる。

問 3　図2の画像を**問2**の方法で圧縮したときの圧縮率の値と，画像全体に対してある回転操作を行ってから，同様に圧縮したときの圧縮率の値について，最も適当なものを，次の⓪〜③のうちから一つ選べ。ただし，画像の読み取りは，回転後の画像に対して，図1に示した読み取り順序に従って行うものとする。　カ

⓪　右に90度回転させると，圧縮率の値が小さくなる。
①　180度回転させると，圧縮率の値が大きくなる。
②　180度回転させると，圧縮率の値が小さくなる。
③　左に90度回転させたときと，右に90度回転させたときの圧縮率の値は同じである。

問4 画像を問2のようにランレングス圧縮するとき，圧縮率は表現可能な色の数に影響される。画素数8×8の画像を圧縮するとき，圧縮率と表現可能な色の数の関係を表すグラフとして最も適当なものを，次の⓪～⑤のうちから一つ選べ。ただし，圧縮の効率が最も高くなる単色の画像（表現可能な色のうちの1色だけを用いた，色の切り替わりがない画像）のみを考えるものとする。なお，色の数は整数値であるため，正確なグラフは点の集合となるが，便宜上，隣り合う点を結んで示した。また，各グラフの左端の色の数は2である。 キ

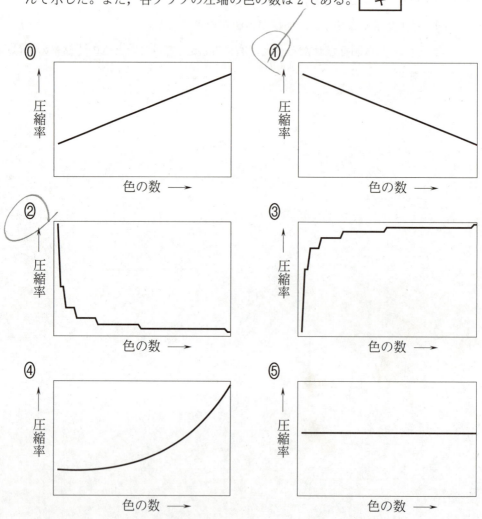

B 次の文章を読み，後の問い(**問1～4**)に答えよ。

　Aさん，Bさん，Cさんは，所属するコンピュータ部のパソコン(**PC1**，**PC2**，**PC3**)を利用しようとしたところ，**インターネット**に接続できない問題が発生したため，その原因について先生を交えて話し合っている。コンピュータ部のLANは図1のように構成されている。

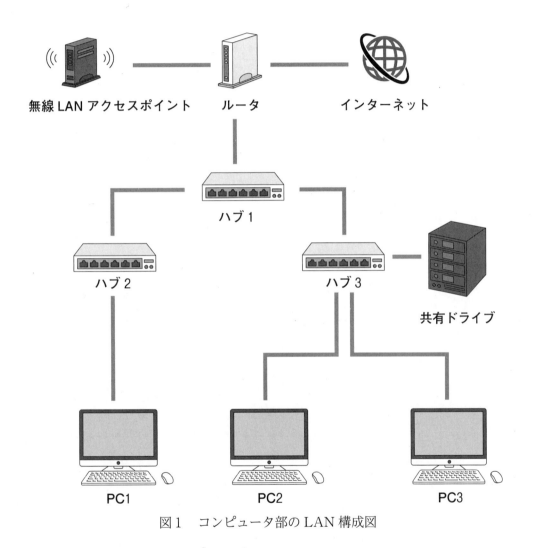

図1　コンピュータ部のLAN構成図

Bさん：先生，**PC2**が**インターネット**に接続できません。

Aさん：**PC1**と**PC3**は接続できています。

先　生：接続できないというのは具体的にはどのような状態ですか。

Bさん：**Web**ページの URL を入力しても **Web** ページを開くことができません。

先　生：**共有ドライブ**には接続できますか。

Bさん：**PC2**はできません。**PC1**と**PC3**は接続できています。

先　生：さらに状況を確認するために，　ク　してみましょう。

Cさん：**PC2**は**インターネット**と**共有ドライブ**に接続できましたけど，今度は **PC3** がどちらにも接続できません。

先　生：なるほど。それでは　ケ　が原因のようですね。

問1　会話文中の空欄　ク　・　ケ　に入れるのに最も適当なものを，次の解答群のうちから一つずつ選べ。

──　ク　の解答群　──

⓪　ルータを再起動
①　ハブ1の電源ケーブルをいったん抜いてハブ1を再起動
②　ハブ2の電源ケーブルをいったん抜いてハブ2を再起動
③　**PC1**の LAN ケーブルと **PC2** の LAN ケーブルを交換
④　**PC2**の LAN ケーブルと **PC3** の LAN ケーブルを交換
⑤　**PC1**の LAN ケーブルと **PC3** の LAN ケーブルを交換

──　ケ　の解答群　──

⓪　ルータ　　　　　①　ハブ2　　　　　②　ハブ3
③　最初に **PC1** に接続されていた LAN ケーブル
④　最初に **PC2** に接続されていた LAN ケーブル
⑤　最初に **PC3** に接続されていた LAN ケーブル

問 2 PC2 がネットワークにつながらない問題が解消され，PC1，PC2，PC3 はすべて**インターネット**に接続できるようなったが，PC ごとに通信速度が大きく異なることがわかった。各 PC の通信速度は表 1 のとおりである。

表 1　それぞれの通信速度を 3 回測定した平均値

	インターネット上の速度測定サイト	共有ドライブとの通信速度
PC1	53.8 Mbps	725.1 kbps
PC2	640 kbps	689.4 Mbps
PC3	720 kbps	766.3 Mbps

表 1 から判断して，通信速度が大きく異なる原因と考えられる機器または LAN ケーブルを，次の ⓪ ～ ⑥ のうちから一つ選べ。ただし，**ハブ 1 ～ ハブ 3** と**ルータ**においては，一部のポートだけが故障していることはなく，⓪ ～ ⑥ 以外の機器やケーブルに問題はないことがわかっている。　コ

⓪　ルータ　　　①　ハブ 1　　　②　ハブ 2　　　③　ハブ 3
④　**ハブ 1** と**ルータ**を接続する LAN ケーブル
⑤　**ハブ 1** と**ハブ 3** を接続する LAN ケーブル
⑥　**ハブ 3** と**共有ドライブ**を接続する LAN ケーブル

問 3　コンピュータ部では，PC1～PC3 とは別に，ノート PC を**無線 LAN アクセスポイント**に接続して使用している。これに関する記述として最も適当なものを，次の⓪～③のうちから一つ選べ。　サ

⓪　**無線 LAN アクセスポイント**には，1 台のノート PC しか接続できない。
①　**無線 LAN アクセスポイント**と**ルータ**間の LAN ケーブルを取り外しても，ノート PC は**インターネット**に接続できる。
②　**無線 LAN アクセスポイント**を，**ルータ**でなく**ハブ 1** に接続しても，ノート PC は**インターネット**に接続できる。
③　**無線 LAN アクセスポイント**に接続されたノート PC は**共有ドライブ**には接続できない。

問 4 Bさんはインターネット上のクラウドサービスを利用しようと考えている。以下はクラウドサービスについてBさんが考えたことである。下線部(a)~(d)の記述のうちから，正しいものをすべて選んだ組合せとして最も適当なものを，後の⓪～⑤のうちから一つ選べ。 シ

> **Bさんが考えたこと**
>
> クラウドサービスなら (a)インターネットに接続できる環境であれば自宅以外でも利用できるから，時間にも余裕ができそうだな。自分，Aさん，Cさんの3人が共同作業で使うデータを共有データとして設定しておけば，(b)AさんやCさんとファイルの共有ができるから便利になるな。(c)そのためにはAさんとCさんのアカウントに私もログインできるように，2人のアカウントIDとパスワードを教えてもらわないといけないな。(d)クラウドサービスはどのサービスも保存容量に制限がないから，保存容量も気にしなくてよくなるな。

⓪ (a)と(b)　　① (a)と(c)　　② (a)と(d)
③ (b)と(c)　　④ (b)と(d)　　⑤ (c)と(d)

第 2 回

(60分/100点)

◆ 問題を解いたら必ず自己採点により学力チェックを行い，解答・解説，学習対策を参考にしてください。

配点

設　問	配点
第1問　　各単元の小問文章題	20点
第2問A　情報デザイン	15点
第2問B　プログラミング	15点
第3問　　コンピュータとプログラミング	25点
第4問　　データの活用	25点

第 1 問 次の会話文を読み，後の問い(**問 1 ～ 5**)に答えよ。(配点　20)

　以下の会話文は，近隣の小学校へ生徒会の生徒が出前授業をするために企画内容を話し合っているところである。

先　　　生：近隣の小学校に生徒会として，「情報モラル」の出前授業に行くことになりました。身近に経験してきたことで，困ったことは何かありますか？

かおるさん：私は (a)小学生の頃にSNSにあげた動画を今も見ることができてしまい，困っています。アカウントを削除したいのですが，当時のスマートフォンは既に解約しており手元になくパスワードが分からない。またそのSNSのアカウントを作るときに利用したEメールアドレスも端末とともに分からなくなってしまい，アカウントを削除したいのですが八方塞がりです。

　　　　　　何歳になってもあの動画がついて回ってくるのかと思うと，怖いです。

勝機さん：私は，そういった画像を見る側でした。何とか頑張ってアカウントを消すことができたとしても，面白い動画はダウンロードして取っておく人もいるから一度インターネット上に載せてしまうと完全に消すのは難しいよね。ダウンロードができなくても (b)画面録画で保存も簡単だから難しいよね。

なるみさん：そうそう。さらには，今もたまにグループメッセージに「懐かしい動画見つけたよ」って，送ってくれる人がいるよね。また，(c)面白いからそれを見た人がどんどん拡散するよね。

かおるさん：うわー。怖い。

　　　　　　そういえば，友人の日記が面白かったといって，写真に撮ってグループに送ってきた人もいたなあ。

　　　　　　結局，みんなの端末から削除をしてもらうために各家庭を回ってバックアップを取ってないか確認するところまでが謝罪ということで，対処していました。

勝機さん：私が最近気になっているのは，(d)フィルターバブルです。自分の趣味嗜

好に合わせた情報をスマートフォンはまとめて見せてくれていると思います。泡に包まれたように自分の興味がある情報しか見なくなると，情報の偏りが生まれます。それによる社会問題は既に起きているのではないかと思っています。

なるみさん：自分もそれは気になっています。多くの人はサイレントマジョリティといって，インターネットの世界で発信をしないと思います。だけど，あたかもインターネット上に書いてあることが大多数の意見のように感じさせるノイジーマジョリティが一定数存在し，そういった情報ばかり見ていたので，大多数の人がそう思っているのではないかと勘違いしてしまうことがあるのではと思っています。

かおるさん：あと，(e)エコーチェンバーという価値観の似た者同士ばかりで共感しあうことで特定の意見が増幅され，自分たちの考えと合わない意見を強く攻撃するなど，大炎上やインターネット上の私刑のような報復が起こってしまうのは怖いなと感じています。

先　　　生：そうですね。またそういう人たちは考えが凝り固まっており，偽・誤情報に騙されやすくもあります。

2022年にウクライナのゼレンスキー大統領がロシアに対し「降伏」について話しているように見えるディープフェイク動画が世界最大の動画共有サービスに投稿されました。一定数の人は信じてしまったと思います。

図1を見てください。これは，2023年7月に総務省から発表された令和5年版情報通信白書に載っていた図です。この図から，日本は他国と比べて　エ　。

さらにこの白書では，検索結果やSNS等で表示される情報が利用者自身にパーソナライズされていることを認識しているかを聞いたところ，日本では「知っている」と回答した割合（44.7％）が他の対象国（80～90％）と比べて低かったこともわかっています。

そのほか，「SNS等プラットフォームサービス上でおすすめされるアカウントやコンテンツは，サービスの提供側が見てほしいアカウントやコンテンツが提示される場合がある」と「SNS等では，自分に近い意見や

考え方に近い情報が表示されやすいこと」についても知っていると答えた割合はたいへん低かったという結果が出ています。偽・誤情報に騙されやすい心配があるといえるでしょう。それと反して，偽・誤情報に関する実態調査では，　オ　が高いほど偽・誤情報と気づく傾向にあるといわれていますので，今回の授業で小学生の　オ　が高まるような授業をしましょう。

第2回

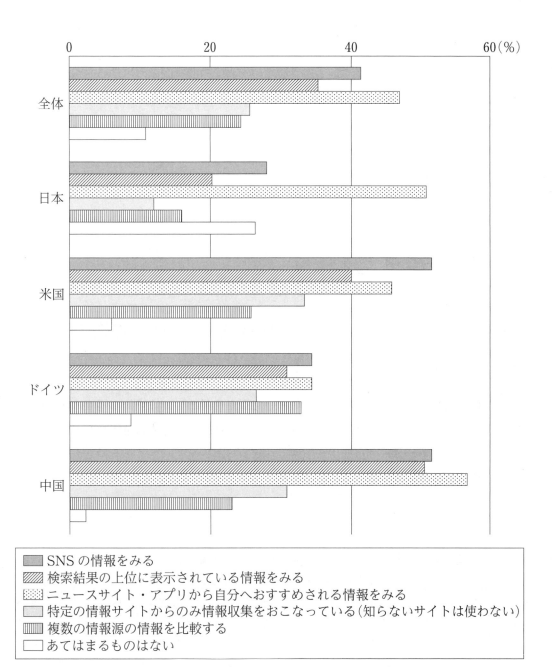

図1　オンライン上で最新のニュースを知りたいときの行動（日・米・独・中）

（出典：総務省（2023）「ICT基盤の高度化とデジタルデータ及び情報の流通に関する調査研究」）

問 1 下線部(a)～(c)は情報の特徴である残存性，伝播性，複製性のどの性質を表しているか。組合せとして最も適当なものを，次の⓪～⑤のうちから一つ選べ。
ア

⓪ 残存性：(a)　　伝播性：(b)　　複製性：(c)
① 残存性：(a)　　伝播性：(c)　　複製性：(b)
② 残存性：(b)　　伝播性：(a)　　複製性：(c)
③ 残存性：(b)　　伝播性：(c)　　複製性：(a)
④ 残存性：(c)　　伝播性：(a)　　複製性：(b)
⑤ 残存性：(c)　　伝播性：(b)　　複製性：(a)

問 2 下線部(d)のフィルターバブルの**問題点ではないもの**を，次の⓪～③のうちから一つ選べ。 イ

⓪ 情報過多により，個人の趣味嗜好で情報を選択し，好意的な情報ばかり触れてしまい，フェイクニュースのような嘘の情報も信じてしまうことがある。
① フィルターバブルは人と人とを分断し，孤立してしまう恐れがある。
② パーソナライズされた検索結果を見ていると，情報が偏っていることに気がつきにくい。
③ 主にSNSで起きやすく，閉じた交友関係のみでコミュニケーションをしたことで，特定の考えに凝り固まってしまう危険性がある。

問 3　会話文では下線部(d)のフィルターバブルや，下線部(e)のエコーチェンバー現象による危険性が話されている。これらの影響を減らす取り組みとしてA～Dの中から**正しくないもの**はどれか。あてはまるものの組合せとして最も適当なものを，後の⓪～⑧のうちから一つ選べ。　ウ

A　複数の情報源を利用する
B　バイアスを強化する
C　ブラウザのCookieを削除する
D　ウイルス対策ソフトを最新のものにする

⓪　AとB　　①　AとC　　②　AとD　　③　BとC
④　BとD　　⑤　CとD　　⑥　AとBとC　⑦　BとCとD
⑧　すべて

問4　会話文の空欄 エ ， オ に入れる記述として最も適当なものを，それぞれの解答群のうちから一つずつ選べ。

──── エ の解答群 ────
⓪ 「SNSの情報を見る」と回答する割合が低く，SNSは娯楽に集中していることが分かりました
① 「ニュースサイト・アプリから自分におすすめされる情報を見る」と回答する割合が高く，提案されている情報に対して従順さが高いということが分かりました
② 「特定の情報サイトからのみ情報収集をおこなっている(知らないサイトは使わない)」と回答する割合が低く，情報過多になっていることが分かりました
③ 「複数の情報源の情報を比較する」と回答する割合が低く，情報源を疑う人が少ないことが分かりました

──── オ の解答群 ────
⓪ サイレンデジタルリテラシー　　① メディアリテラシー
② クリティカルシンキング　　　　③ ネットリテラシー

問5　信頼性の低い情報を識別する際に役立つ手法として最も適当なものを，次の⓪〜③のうちから一つ選べ。 カ

⓪ 情報源のスポンサーを確認
① リンク先に掲載されている内容
② 関連性に基づいて再検索して行う評価
③ 速読技術の活用

第2問 次の問い（**A・B**）に答えよ。（配点 30）

A 次の問い（**問1〜3**）に答えよ。

問1 次の生徒と先生の会話文を読み，空欄 ア 〜 ウ に入れるのに最も適当なものを，後の解答群から一つずつ選べ。

生徒：先生，この前の遠足でバスに乗っていて思いましたが，道路標識も授業で習った情報デザインの考え方で作られているのではないでしょうか。

先生：いい着眼点ですね。道路標識は，「道路標識令」で決まっているのですよ。標識にはいくつか種類があります。

生徒：調べてみたところ，「案内標識」，「警戒標識」，「規制標識」，「指示標識」，「補助標識」という5つあるそうです。

先生：そうですね。特に「警戒標識」や「規制標識」は，見てすぐ理解できるように，伝えたいことを ア して表現しているものもありますね。

生徒：そうですよね。私もそうではないかと思いました。

先生：よく勉強していますね。もっと配慮されていることがあります。気づきますか？

生徒：難しいことを言わないでください。いくつかの標識を見ると配色にも特徴があるように思います。

先生：そうですね。見てすぐ理解できるようにするためには，配色にも工夫が必要ですよね。見やすさもそうですし，伝えたいことを伝えるための配色もポイントになります。道路標識などはJIS安全色を利用しています。JIS安全色は全8色を定め，各色に「意味や目的」を定義しています。

生徒：なるほど。警戒標識に黄色が使われているのは，JIS安全色で「注意」を示す色であるからですね。禁止や停止を示す標識は「赤」を基調としてデザインされているのですね。

先生：でも，JIS安全色は2019年に改正されました。これは，色覚にも個人差があるため，すべての人が8色を識別できるように，各色を再調整しました。このように誰でも色を識別できるように工夫するようなデザインのこ

とを　イ　といいます。

生徒：そうですね。先生，高速道路の案内標識も面白い書体の看板がありました。手書きのようなものです。

先生：良いところに着目しましたね。道路公団標準文字のことですね。高速道路の標識についても情報デザインの考え方がありますよ。1969年に，時速100 kmで100〜150メートル手前から6秒以内で認識できるように設計された標識です。そのため，画数が多い漢字では一部を簡略化してデザインしたり，視認性を上げるために直線的な表現になっていたりします。

生徒：直感的に読めましたが，中には簡略化しすぎて誤字に見えたりするものもありませんか？

先生：そうです。そういう指摘もあったそうです。2010年から新標識に置き換えが始まりました。標識の文字の規格を改訂し，運転中でも見やすく誤字と思われない正確な字を使うようになりました。その背景には技術の向上があります。

生徒：なるほど，「見やすい」という目的で文字のデザインも考えないといけないですね。ということは，文書をデザインする際は目的にあった　ウ　を使用することも意識しなければならないですね。

［道路公団標準文字の標識］

［新しい高速道路標識例］

```
┌─── ア ～ ウ の解答群 ─────────────────┐
│  ⓪ カラーユニバーサルデザイン
│  ① カラーバリアフリー
│  ② 書体（フォント）
│  ③ 行間
│  ④ 抽象化
│  ⑤ 構造化
│  ⑥ 可視化
└──────────────────────────────────┘
```

問 2　資料1，資料2をまとめてレポートを作りたい。空欄　エ　〜　カ　に入れるのに最も適当なものを，後の解答群のうちから一つずつ選べ。

【資料1】
アイスクリームの売上高について
＊全体

＊種類別
アイスクリーム
乳固形分15.0%以上のうち，乳脂肪8.0%以上のもの
アイスミルク
乳固形分10.0%以上のうち，乳脂肪3.0%以上のもの
ラクトアイス
乳固形分3.0%以上のもの
氷菓
上記のもの以外

【資料2】　　　　　　　　　(出典：一般社団法人　日本アイスクリーム協会)

売上高(億円)					
	アイスクリーム	アイスミルク	ラクトアイス	氷菓	合計
2013年	1332	744	1454	800	4330
2014年	1365	767	1430	807	4369
2015年	1427	919	1515	786	4647
2016年	1546	949	1566	878	4939
2017年	1513	1058	1593	866	5030
2018年	1513	1087	1679	907	5186
2019年	1512	1055	1675	909	5151
2020年	1457	1102	1768	870	5197
2021年	1570	1130	1699	859	5258
2022年	1622	1190	1807	915	5534
合計	14857	10001	16186	8597	
平均	1485.7	1000.1	1618.6	859.7	

【レポート】

　エ　

全体
　これまでの売上の推移
　オ　

種類別
・アイスクリーム
　乳固形分15.0%以上のうち，乳脂肪8.0%以上のもの
　2022年の内訳
　カ　

・アイスミルク
　乳固形分10.0%以上のうち，乳脂肪3.0%以上のもの
　（グラフ省略）
・ラクトアイス
　乳固形分3.0%以上のもの
　（グラフ省略）
・氷菓
　上記のもの以外
　（グラフ省略）

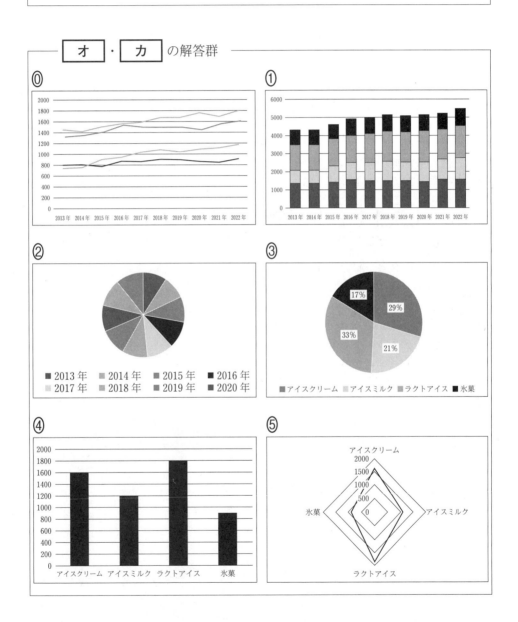

問3 次の文章を読み，空欄 キ ・ ク に入れるのに最も適当なものを，後の解答群のうちから一つずつ選べ。

　言語，国籍，年齢，性別などによらず，誰もが利用できることを目指した設計（デザイン）のことをユニバーサルデザインという。設計（デザイン）の使いやすさを考える上で参考になる考え方がある。
　まず，幅広い人々が使えるかどうかを考える キ がある。 キ は，目の不自由な人が音声読み上げソフトで読み上げることを想定し，画像には代替テキストを設定するなど，情報やサービスへの到達のしやすさのことをいう。
　次に，利用者にとって使いやすいか，分かりやすいかを考える ク がある。コンピュータや機器が高性能になっても，使いにくいと使用に支障が出てくる。その使い勝手の良さのことを ク という。

キ ・ ク の解答群
⓪ ユーザビリティ
① アクセシビリティ
② アフォーダンス
③ バリアフリー
④ フォルトトレランス
⑤ シグニファイア

B 次の問い(**問1**・**2**)に答えよ。

問1 次の説明文を読み，空欄 ケ ～ サ に入れるのに最も適当なものを，後の解答群のうちから一つずつ選べ。

生徒：先日，コップでタワーを作る競技を見ました。一瞬でコップでタワーを組み立てるのです。その様子を見て，コップの総数を入力すると何段のタワーが作れるかを求められるプログラムを考えてみたいと思いました。

先生：よいですね。まずは作るコップタワーの仕様を整理してみましょう。

生徒：分かりました。最上段(頂点)はコップ1個です。そこから，下段に行くごとに1個ずつコップを増やして段を作っていきます。図で示すと次のようになります。

先生：なるほど。コップタワーの仕様は分かりました。今度はプログラムの仕様を検討しましょう。入力と出力を整理しましょうか。

生徒：はい。入力はコップの総数にします。例えば，コップの総数が6個だったら**6**と入力します。
出力はコップタワーの段数とします。コップの総数6個の場合は，1段目1個＋2段目2個＋3段目3個＝合計6個ですので，3段のコップタワーが作れますので出力は**3**とします。

先生：この場合はコップの総数とコップタワーに必要な個数が一致していますが，余りがあった場合はどうしますか？

生徒：残った個数でもう1つコップタワーができないかチェックしたいです。

先生：なるほど。例えばコップの総数が9個の場合はどうなりますか？

生徒：まず，6個で3段のコップタワーができます。残り3個ですので，2段のコップタワーができます。

先生：この場合の出力はどうなりますか？

生徒：まずは3段の**3**を出力し，その次に2段の**2**を出力します。「**3　2**」と表示されるようにしたいです。

先生：分かりました。そうするとコップタワーの段数を判定する処理を関数で設計するとよいですね。また，この関数は再帰関数(リカーシブル関数)とするのがよいですね。

生徒：再帰関数(リカーシブル関数)とは何でしょうか？

先生：そうですね。自分で作った関数を `tower_dansuu` とします。関数 `tower_dansuu` の中の処理で，自分自身である関数 `tower_dansuu` を呼び出すことができるようにする関数のことを，再帰関数(リカーシブル関数)と呼びます。

生徒：分かりました。先生は，コップタワーの段数を判定する処理で，コップの総数とタワーに必要な個数に余りがある場合に，もう1つコップタワーが作れるか再チェックすることを考えると，再帰関数(リカーシブル関数)が有効だと考えたのですね。

先生：そうですね。そして，今回はコップの総数10個までで判定するプログラムでまずは考えましょう。

生徒：分かりました。今回は2次元配列を使用したいと思います。使用するのは，配列の1次元目の添字をコップの総数に対応させ，2次元目では作れる段数とコップの必要個数を格納したいと思います。格納するデータについては次のようにまとめました。

2次元目の添字 ＼ 1次元目の添字	0	1	2	3	4	5	6	7	8	9	10
0（ 段数 ）	0	1	1	2	2	2	3	3	3	3	4
1（必要個数）	0	1	1	3	3	3	6	6	6	6	10

↳ `list[0][1]`

先生：なるほど。あらかじめ必要な情報を配列に格納し，処理に使うことにするのですね。では，具体的な処理を考えてみましょう。まずは段数を求める関数 **tower_dansuu** の流れ図（フローチャート）はどうなりますか。

生徒：はい。次のように考えました。

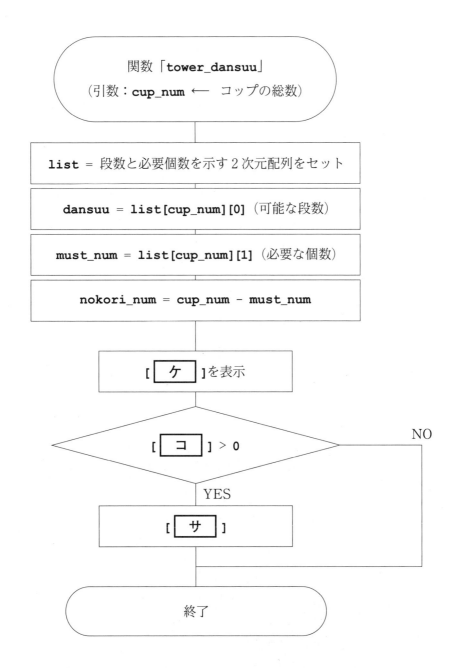

- ケ ・ コ の解答群 ─
  ⓪ `must_num` ① `dansuu` ② `nokori_num` ③ `cup_num`

- サ の解答群 ─
  ⓪ 関数「`tower_dansuu`」を実行　① 関数の処理を終了
  ② 最初に戻り実行　　　　　　　③ 変数を初期化

問2 前問のフローチャートに従ってプログラムを作成した。空欄 シ ～ ソ に入れるのに最も適当なものを，後の解答群のうちから一つずつ選べ。

このプログラムの1～11行目は関数「`tower_dansuu`」の処理の定義である。そのため，このプログラムを実行すると12行目を先頭に1行ずつ実行される。関数が呼び出されたら，その関数の先頭から実行し，処理が終了したら呼び出した行へ戻ってくるものとする。

```
(1)    関数  tower_dansuu(sousuu_num):
(2)       list = [
(3)         [0, 0], [1, 1], [1, 1], [2, 3], [2, 3], [2, 3], [3, 6],
(4)         [3, 6], [3, 6], [3, 6], [4, 10]
(5)       ]

(6)       dansuu = list[sousuu_num][ セ ]
(7)       must_num = list[sousuu_num][ ソ ]
(8)       nokori_num = (sousuu_num - must_num)

(9)       表示する[ ケ ]

(10)      もし[ コ ] > 0 ならば:
(11)         [ サ ][ シ ]


(12)   表示する("整数を入力してください")
(13)   sousuu =【外部からの入力】
(14)   tower_dansuu[ ス ]
```

── シ ・ ス の解答群 ──
⓪ must_num ① sousuu ② nokori_num ③ cup_num

── セ ・ ソ の解答群 ──
⓪ 0   ① 1   ② 2

第3問 次の文章を読み，後の問い(問1～3)に答えよ。(配点 25)

三目さんは，文化祭用に3列×3行の○×ゲームをプログラミングで作ることにした。来場者とゲームができるように，交互に入力できるように作ろうと考えた。

例えば，図1のように，「○」を入力したい場合を考えていく。

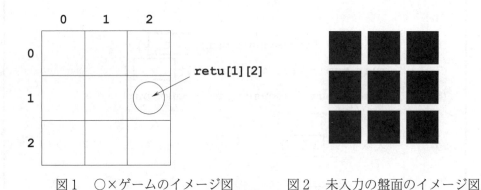

図1　○×ゲームのイメージ図　　図2　未入力の盤面のイメージ図

どこに○や×を入力するかについて，2次元配列「**retu**」に入力させることにした。2次元配列とは，配列の中に配列を代入していくことができる変数のことである。

$$\text{retu[1][2]} = \text{"○"}$$

上記のようにプログラムすることで，図1のところに○を入力することができる。

次に，未入力の盤面は「■」を使って図2のように表すこととした。プログラムを作るにあたって，手順の流れを考えた。

① スタートの盤面用に初期化した画面を表示する
② ○×を入力する列と行の番地を入力する
③ 0～2の間の整数で正しく番地が入力できているか判定する
　　　　　　　　　　　　　　　　　　　→ 違ったら②に戻る
④ 入力された番地は既に入力された番地ではないか判定する
　　　　　　　　　　　　　　　　　　　→ 違ったら②に戻る
⑤ 勝ち負けや引き分けの判定をする　→ 勝負がついていたら①に戻る
⑥ 指定された番地に○または×が代入される。○×は交互に代入される
⑦ 9が入力されるまで，①～⑥まで繰り返す

算術演算の補足

加減乗除の四則演算は，『+』，『-』，『*』，『/』で表す。整数の除算では，商（整数）を『÷』で，余りを『%』で表す。べき乗は『**』で表す。

関数の説明（入力についての補足）

変数名 = 入力("**A**", 入力形式 = **B**)…**A**が表示され，キーボードから入力した数値が整数として変数に代入される

例：**Deta** = 入力("整数を入力してください", 入力形式 = 整数)

モニターに「整数を入力してください」と表示され，キーボードから「7.5」と入力すると**Deta**には**7**が代入される

まずは，①の部分のプログラムを作ることとした。

【プログラム1】

```
(1)   retu = [[0, 0, 0], [0, 0, 0], [0, 0, 0]]
(2)   iを0から2まで1つずつ増やしながら繰り返す:
(3)       jを0から2まで1つずつ増やしながら繰り返す:
(4)           表示する(retu[i][j], end = "")
                                  # end = "" : 改行なしで表示する意味
(5)       表示する(改行)
(6)   表示する(改行)
(7)   iを0から2まで1つずつ増やしながら繰り返す:
(8)       jを0から2まで1つずつ増やしながら繰り返す:
(9)           retu[i][j] = "■"
(10)          表示する(retu[i][j], end = "")
(11)      表示する(改行)
(12)  表示する(改行)
```

ゲームを続けて行えるよう作るには,「盤面を初期化する」と「現状の盤面を表示する」という機能は何回も使用するプログラムであった。そこで,【プログラム1】の2行目から5行目までを引数は1つの「盤面表示」とし,7行目から9行目までを引数なしで2次元配列を返す「盤面初期化」という関数として定義することとした。その他に,勝ちを判定する関数として「勝負判定」関数と,引き分けが判定できる関数として「引き分け」関数を作成した。

「勝負判定」関数
retu と **teban** を引数とし,その時に「**teban**」に代入されている値が勝っていれば **True** を返し,それ以外は **False** を返す関数である。

「引き分け」関数
retu を引数とし,すべてに"○"か"×"が入力されているかを確認し,すべて入力されているときには **True** を,そうではない時には **False** を返す関数である。

【プログラム2】では,「盤面表示」と「盤面初期化」などの関数の定義をした後のプログラムを記した。ただし,行番号は分かりやすくするために1番から記述している。変数 **r** に行,変数 **c** に列を代入できるようにした。

【プログラム2】

```
(1)   teban = "○"
(2)   retu = [[0, 0, 0], [0, 0, 0], [0, 0, 0]]
(3)   r = 0, c = 0
(4)   retu = 盤面初期化()
(5)     キ  の間繰り返す:
(6)       盤面表示(retu)
(7)       表示する("行と列の番号を0, 1, 2で入力してください。終わりたい時は9と入力します")
```

(8)　　　r = 入力("行番号を入力してください", 入力形式 = 整数)
(9)　　　c = 入力("列番号を入力してください", 入力形式 = 整数)
(10)　　もし ク ならば：
(11)　　　　表示する("終わります")
(12)　　　　break　　　　　　　　#break：繰り返しの処理を終える意味
(13)　　もし ケ ならば：
(14)　　　　表示する("行番号が正しくありません。0～2で入力してください")
(15)　　そうでなくもし コ ならば：
(16)　　　　表示する("列番号が正しくありません。0～2で入力してください")
(17)　　そうでなくもし サ ならば：
(18)　　　　表示する("既に入力されています。他のところを選んでください")
(19)　　そうでなければ：
(20)　　　　retu[r][c] = teban
(21)　　　　もし 勝負判定(retu, teban)が True ならば：
(22)　　　　　　盤面表示(retu)
(23)　　　　　　表示する(teban, "の勝ち")
(24)　　　　　　retu = 盤面初期化()
(25)　　　　そうでなくもし 引き分け(retu)が True ならば：
(26)　　　　　　盤面表示(retu)
(27)　　　　　　表示する("引き分け")
(28)　　　　　　retu = 盤面初期化()
(29)　　　　もし シ ならば：
(30)　　　　　　teban = "×"
(31)　　　　そうでなければ：
(32)　　　　　　teban = "○"

問 1　【プログラム１】を実行した後の結果として最も適当なものを，次の⓪～③のうちから一つ選べ。　ア

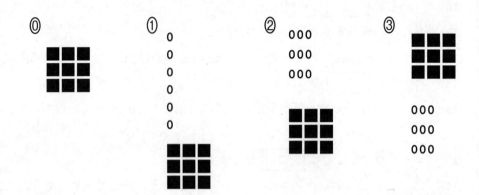

問 2　このプログラムを作成するにあたって，フローチャートを作成した。問題文中にある手順の流れ①〜⑦やプログラムを参考に空欄　イ　〜　カ　に入れるのに最も適当なものを，後の解答群のうちから一つずつ選べ。ただし，同じものを複数回使用してもよい。

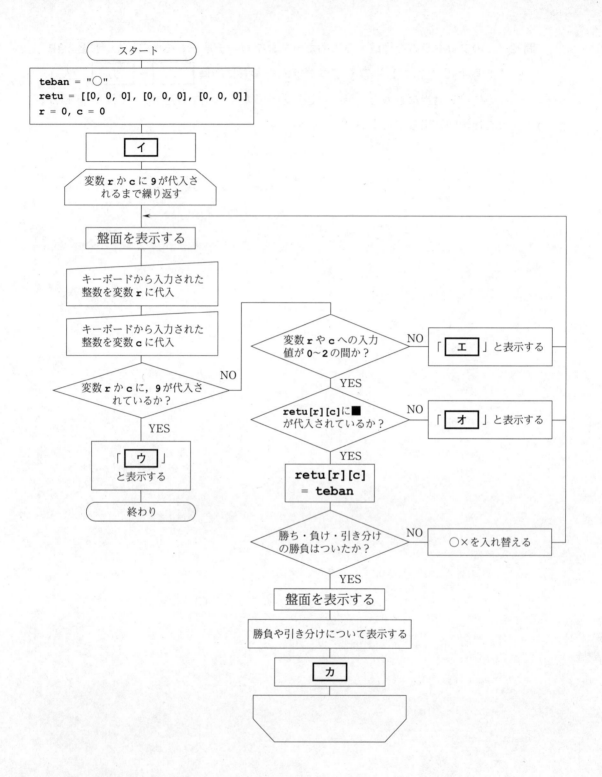

- イ ~ カ の解答群
  - ⓪ 入力値が 0~2 の間か？
  - ① ○×を入れ替える
  - ② 正しくありません。0~2で入力してください
  - ③ 既に入力されています。他のところを選んでください
  - ④ 盤面の表示
  - ⑤ 盤面の初期化
  - ⑥ 終わります

問3 【プログラム2】の空欄 キ ~ シ に入れるのに最も適当なものを，次の⓪~⑨のうちから一つずつ選べ。

- ⓪ retu[r][c] = teban
- ① retu[r][c] != "■"
- ② teban == "○"
- ③ teban == "×"
- ④ r != 0 or r != 1 or r != 2
- ⑤ r != 0 and r != 1 and r != 2
- ⑥ c != 0 or c != 1 or c != 2
- ⑦ c != 0 and c != 1 and c != 2
- ⑧ r == 9 or c == 9
- ⑨ r != 9 or c != 9

第4問　次の文章を読み，後の問い(問1～7)に答えよ。(配点　25)

　Aさんは，家庭科の宿題で，核家族世帯や単独世帯について実際のデータの推移を調べようと，国勢調査の時系列データの可視化を試みている。

問1　Aさんは，全体の傾向を確認するために，全国の核家族世帯数と単独世帯数の推移と，核家族世帯割合と単独世帯割合の推移を表にまとめ(表1)，グラフ化した(図1-1・図1-2)。世帯数・世帯割合それぞれのデータやグラフより読み取れることとして，最も適当なものを，それぞれ後の⓪～③のうちから一つずつ選べ。 ア , イ

表1　全国の核家族世帯・単独世帯数の実数と割合(1995年から2020年)

年	核家族世帯数	単独世帯数	核家族世帯割合(%)	単独世帯割合(%)
1995年	25,702,598	11,239,389	58.55	25.60
2000年	27,272,891	12,911,318	58.30	27.60
2005年	28,327,091	14,457,083	57.74	29.47
2010年	29,206,899	16,784,507	56.43	32.43
2015年	29,754,438	18,417,922	55.93	34.62
2020年	30,110,571	21,151,042	54.21	38.08

(出典：国勢調査　時系列データ「世帯の家族類型(16区分)別一般世帯数及び世帯人員－全国，都道府県(平成7年～令和2年)※「世帯の家族類型」新分類区分」)

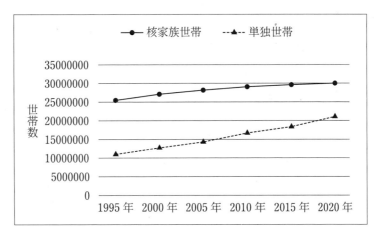

図 1-1　核家族世帯数と単独世帯数の推移

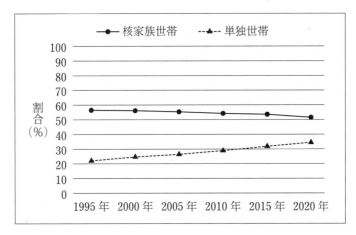

図 1-2　核家族世帯割合と単独世帯割合の推移

世帯数 　ア

⓪　核家族世帯数は，2005年をピークとし，以降は減少傾向にある。
①　単独世帯数は，今後も増加していくことが分かる。
②　核家族世帯数と単独世帯数の差は，年々小さくなっている。
③　核家族世帯数と単独世帯数それぞれの変化率は一定である。

世帯割合 　イ

⓪　核家族世帯割合が減っているのは，単独世帯割合が増加しているからである。
①　単独世帯割合の増加は，2020年がピークであり，この後減少する。
②　核家族世帯割合と単独世帯割合の幅は，1995年より以前はさらに大きかった。
③　1995年から2020年の間においては，核家族世帯割合の減少幅よりも，単独世帯割合の上昇幅の方が大きい。

次に，各年において，各都道府県の核家族世帯数と単独世帯数を表にまとめた(表2)。

表2　都道府県別核家族世帯数・単独世帯数(1995年〜2020年)

都道府県	年	核家族世帯数	単独世帯数
北海道	1995年	1,329,920	606,095
青森県	1995年	261,199	105,200
岩手県	1995年	228,224	101,617
宮城県	1995年	399,210	208,371
長崎県	2020年	313,876	191,470
熊本県	2020年	396,063	242,940
大分県	2020年	269,815	175,329
宮崎県	2020年	267,348	167,776
鹿児島県	2020年	406,396	282,664
沖縄県	2020年	338,232	229,602

問 2　表 2 から，核家族世帯数の箱ひげ図と，単独世帯数の箱ひげ図を作成した（図 2-1・図 2-2）。図 2-1・図 2-2 より読み取れることとして，最も適当なものを，後の ⓪ ～ ③ のうちから一つずつ選べ。なお，グラフ中の●印は，四分位範囲の 1.5 倍を超えた値である。 ウ

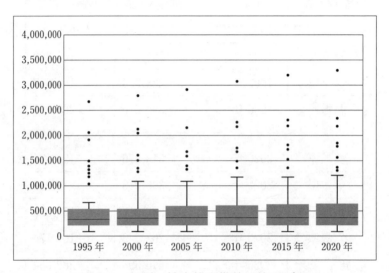

図 2-1　年別　核家族世帯数の箱ひげ図

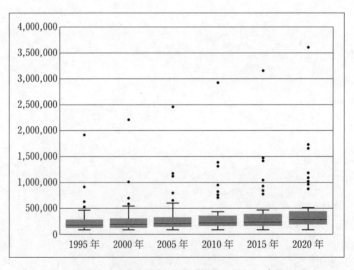

図 2-2　年別　単独世帯数の箱ひげ図

⓪ 核家族世帯数の最大値は毎年同じ値である。
① 単独世帯数において，●印のデータも含めたとき，分散が最も大きいのは2020年である。
② 図 2-1，図 2-2 ともに，グラフから，平均値を算出することができる。
③ 四分位範囲を比べると，同じ年では核家族世帯数よりも単独世帯数の方が大きい。

問 3　核家族世帯割合の箱ひげ図と，単独世帯割合の箱ひげ図も作成するときに，最も適当なものを次の⓪～③のうちから一つ選べ。　エ

⓪ 百分率で表される値であるので，中央値は 50 とする。
① 百分率で表されるため，四分位範囲はすべての年度で 25～75 で設定される。
② 図 2-1，図 2-2 で四分位範囲の 1.5 倍を超えた値については，対応する都道府県のデータを削除した上で箱ひげ図を作成する。
③ 図 2-1，図 2-2 で，最大値や最小値に該当するデータの地域が，対応する核家族世帯割合・単独世帯割合でも最大値・最小値となるとは限らない。

次に，特定の年に焦点を当て，各世帯数の関係と，世帯割合の関係を検討することにした。表3は，2020年の各世帯数・各世帯割合である。

表3　2020年の都道府県別各世帯数・各世帯割合

都道府県	核家族世帯数	単独世帯数	核家族世帯割合(%)	単独世帯割合(%)
北海道	1,324,406	999,825	53.68	40.52
青森県	268,760	168,917	53.00	33.31
岩手県	252,005	163,290	51.42	33.32
宮城県	507,063	362,255	51.78	36.99
長崎県	313,876	191,470	56.50	34.47
熊本県	396,063	242,940	55.35	33.95
大分県	269,815	175,329	55.57	36.11
宮崎県	267,348	167,776	57.17	35.88
鹿児島県	406,396	282,664	56.25	39.12
沖縄県	338,232	229,602	55.25	37.50

問 4　図 3-1 は，2020 年の核家族世帯数と単独世帯数の散布図である。このデータから相関係数を求めたときに，最も適当なものを，後の ⓪〜③ のうちから一つ選べ。オ

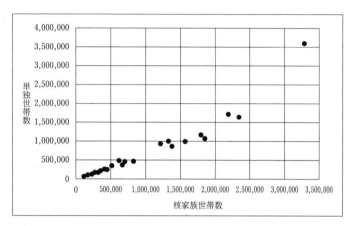

図 3-1　核家族世帯数と単独世帯数の関係(2020 年)

⓪　相関係数は，0 になる。

①　相関係数は，負の値になる。

②　最も右上の値をデータから削除して相関係数を求めると，すべてのデータで求めた相関係数よりも数値が小さくなる。

③　最も右上の値をデータから削除して相関係数を求めると，すべてのデータで求めた相関係数よりも数値が大きくなる。

問 5 さらに，2020年の核家族世帯割合と単独世帯割合の散布図も作成した（図3-2）。この散布図から分かることとして最も適当なものを，後の⓪〜③のうちから一つ選べ。 カ

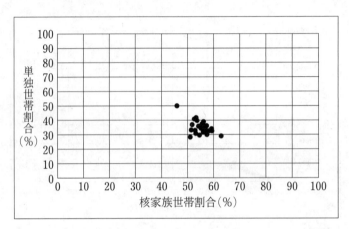

図 3-2　核家族世帯割合と単独世帯割合の関係(2020年)

⓪ 核家族世代割合は，50％を超えることはない。
① 単独世帯割合の最大値は，およそ50％である。
② 核家族世帯割合が大きくなると，単独世帯割合も大きくなる傾向がある。
③ 核家族世帯割合と単独世帯割合は，曲線的な関係があるといえる。

都道府県別の推移を確認したところ，都道府県によって各世帯割合の変化の仕方が異なっていることが分かった。まず全体の傾向を把握するため，2020年から2015年の差を求めたものを表にまとめた(表4-1，表4-2)。

表4-1　都道府県別各世代割合の差(2020年-2015年で算出)

都道府県	核家族世帯割合の差	単独世帯割合の差
北海道	−2.30	3.21
青森県	−0.42	3.09
岩手県	0.06	2.92
宮城県	0.11	2.39
長崎県	−0.69	2.47
熊本県	−0.80	3.01
大分県	−0.98	2.81
宮崎県	−2.24	3.70
鹿児島県	−2.43	3.39
沖縄県	−3.49	5.05

問6　表4-1をもとに，それぞれの平均値・最大値・最小値を表にまとめ(表4-2)，ヒストグラムを求めた(図4-1，図4-2)。なお，図4-1，4-2横軸「N〜M」は，「N以上M未満」を示す。

表4-2　各世帯割合の平均値・最大値・最小値

	核家族世帯割合の差	単独世帯割合の差
平均値	−1.09	3.31
最大値	1.15	5.05
最小値	−3.49	2.39

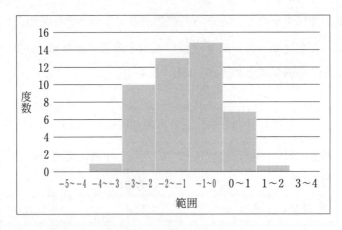

図 4-1　核家族世帯割合差のヒストグラム

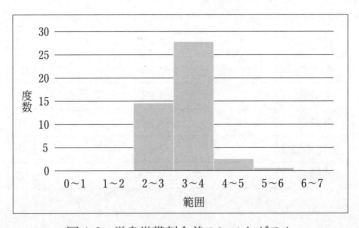

図 4-2　単身世帯割合差のヒストグラム

　表 4-2 および図 4-1・図 4-2 から読み取れることとして最も適当なものを，次の⓪～③のうちから一つ選べ。　キ

⓪　核家族世帯割合で，2015 年度より 2020 年で増加した都道府県数は，減少した都道府県数より多い。
①　核家族世帯割合の平均値は，年々減少していると考えられる。
②　単独世帯割合は，どの都道府県でも 2015 年より 2020 年で増加している。
③　単独世帯割合の中央値は，年々増加していると考えられる。

核家族世帯割合から，増加する都道府県と減少している都道府県があるため，核家族世帯数の差を算出し(表5-1)，核家族世帯数差と核家族世帯割合差について，その値が正であった世帯数と負であった世帯数の件数をまとめるためにクロス集計(表5-2)を行った。

表5-1　都道府県核家族世帯数・核家族世帯割合の差(2020年-2015年で算出)

都道府県	核家族世帯数の差	核家族世帯割合の差
北海道	-39412	-2.30
青森県	-2481	-0.42
岩手県	991	0.06
宮城県	23483	0.11
長崎県	-4820	-0.69
熊本県	1807	-0.80
大分県	-3655	-0.98
宮崎県	-6278	-2.24
鹿児島県	-16560	-2.43
沖縄県	10718	-3.49

表5-2　核家族世帯数の差の値と核家族世帯割合の差の値の関係

		核家族世帯割合の差	
		正	負
核家族世帯数の差	正	8	26
	負	0	13

問 7 表 5-1，表 5-2 について説明した，次の文章の空欄 ク ～ コ に入れるのに最も適当なものを，それぞれの解答群から一つずつ選べ。

表 5-1 の値を，正または負の値に分類し，クロス集計を行った。このときの「正の値」「負の値」という分類の尺度水準は ク である。また，クロス集計内の数値は， ケ を表している。
表 5-2 から， コ といえる。

ク の解答群
⓪ 名義尺度
① 順序尺度
② 間隔尺度
③ 比例尺度

ケ の解答群
⓪ 該当するデータの平均値
① 該当するデータの中央値
② 該当するデータの件数
③ 該当するデータの分散値

コ の解答群
⓪ 核家族世帯数が 2015 年より減少したために，核家族世帯割合も 2015 年より減少した
① 核家族世帯数が 2015 年より増加したことを理由に，核家族世帯割合が増加した都道府県がある
② 最も割合が少ないのは，核家族世帯数，核家族世帯割合ともに減少した都道府県である
③ 最も割合が多いのは，核家族世帯数が増加し，核家族世帯割合が減少した都道府県である

第 3 回

(60分/100点)

◆ 問題を解いたら必ず自己採点により学力チェックを行い，解答・解説，学習対策を参考にしてください。

配点

設　問	配点
第1問　情報ネットワークとセキュリティ	20点
第2問　情報デザインとメディアの特性・情報のデジタル化	30点
第3問　コンピュータとプログラミング	25点
第4問　情報ネットワークとデータ量	25点

第1問 次の会話文を読み，後の問い(**問1〜3**)に答えよ。(配点 20)

母 ：メールを見たらいつも使っているWebショッピングサイトからメール(図1)が来ていて，「支払いが滞っているから至急対応して」と書いてあるけど，これは本物かしら。そんなに買い物した記憶が無いけど。でも，あり得るかもと思って。

良雄：ちょっと待って，それは怪しいよ。(a)詐欺ではないかな？

母 ：でも，「手続きはこちらから」というボタンをクリックしたら，本物のサイトだったよ。

良雄：ダメだよ！ 怪しいと思ったメールは気軽にクリックしたら！ まず，そのメールを見せて。

図1　送られてきたメール

```
●○×
┌─────┬──────────────────────────────┐
│ TO：   │ ka-san@kawai-juku.ne.jp              │
├─────┼──────────────────────────────┤
│ FROM： │ ○○マーケット<ka-san@kawai-juku.ne.jp> │
├─────┼──────────────────────────────┤
│ 件名： │ 【○○マーケット】お支払いのお願い        │
└─────┴──────────────────────────────┘

お知らせ：お支払いのお願い

弊社○○マーケットをご利用いただきありがとうございます。

お支払いが滞っているものがあります。至急対応してください。
10日以内に対応頂けない場合は，法的措置をさせていただきます。
以下からサービスにログインして，支払い方法をご確認ください。

▼Webでログイン
Webでログイン

《発行元》
株式会社 abcdefgh
東京都豊島区 abc 丁目 cdefg
```

問 1 会話文中の下線部(a)について，送信者などを詐称した偽の電子メールを送信し，その偽のメールから偽のホームページに接続させ重要な情報を盗み出す行為のことを何というか。最も適当なものを，次の⓪~③のうちから一つ選べ。 ア

⓪ ワンクリック詐欺　　① フィッシング詐欺
② スパイウェア　　　　③ キーロガー

問2 良雄くんは，このメールのソースコード(図2)を見てみることにした。先の会話に続く会話文を読み，空欄 イ ～ オ に入れるのに最も適当なものを，後の解答群のうちから一つずつ選べ。

図2 送られてきたメールのソースコード(一部)

●○×

TO：	ka-san@kawai-juku.ne.jp
FROM：	○○マーケット<ka-san@kawai-juku.ne.jp>
件名：	【○○マーケット】お支払いのお願い

(前略)
To: ka-san@kawai-juku.ne.jp
Subject：【○○マーケット】お支払いのお願い
Date：Mon, 8 Dec 2023 05:46:25 +0800
From： ○○ マーケット<ka-san@kawai-juku.ne.jp>
Authentication-Results: kawai-juku.ne.jp; spf=permerror
(中略)
Content-Type: text/html; charset=UTF-8
(中略)
<body>
<h3>お知らせ：お支払いのお願い</h3>
<p>弊社○○マーケットをご利用いただきありがとうございます。</p>
<p>お支払いが滞っているものがあります。至急対応してください。
10日以内に対応頂けない場合は，法的措置をさせていただきます。
以下からサービスにログインして，支払い方法をご確認ください。</p>
<p>▼Webでログイン</p>
<p><a href="https://www.○○market.co.jp.sagi.com">Webでログイン</a></p>
<p>《発行元》</p>
<p>株式会社 abcdefgh</p>
<p>東京都豊島区 abc 丁目 cdefg</p>

― 88 ―

表　メールヘッダのフィールド名と取り得る値

フィールド名	意味	取り得る値
Date:	メール作成日時	（例）Mon, 8 Dec 2023 05：46：25 ＋0800
To:	送信先アドレス	メールアドレス
Cc:	カーボンコピーを送付するアドレス	メールアドレス
Bcc:	宛先非公開の同報メールを送付するアドレス	メールアドレス
From:	差出人アドレス	メールアドレス
Content-Type:	メール本文の中身の種類	text/plain：文字のメール text/html：html 形式のメール など
Authentication-Results:	（送信ドメイン認証による）認証結果	Pass：認証成功 Fail：認証失敗 PermError：認証失敗　など

良雄：見せてもらったメールのソースコードも見てみたよ。メールのソースコードは，送られてきたメールを構成するいろいろな情報を見ることができるから，確認してみたよ。

母　：どうだった。

良雄：これは詐欺だね。主に怪しい箇所が４つあったよ。
　　　　 イ 　というところ，　 ウ 　というところ，　 エ 　というところ，　 オ 　というところだよ。
　　　○○マーケットの本当の URL は「https://www.○○market.co.jp」だよ。この，○○マーケットの本社は神奈川県にあるよ。本文もしっかり最後まで読んでみないと！　メールの○○マーケットの住所は東京都になってるよ！　もう１つね，ソースコードはメールサーバでのやりとり情報も見ることができるんだよ。

―― イ ～ オ の解答群 ――
⓪ 認証エラーがある　　　　　① サイトのURLが本物と違う
② 差出人が自分に偽装されている　③ 会社名や住所が正しくない
④ HTMLメールで書かれている　　⑤ 自分の下書きメールである

問3　良雄くんはインターネットやコンピュータ，スマホなどの情報端末を安全に使用するために，次のようなルールと対策を決めた。文中の空欄 カ ～ コ に入れるのに最も適当なものを，後の解答群のうちから一つずつ選べ。

【良雄くんが決めたルールと対策】
①端末の基本ソフトウェアは常に カ の状態にアップデートする。
②コンピュータウイルスの感染防止やサイバー攻撃対策として キ をインストールする。
③身に覚えのないメールは開かず，すぐに削除する。
④IDやパスワードなど重要な情報を入力する際は，URLが ク であるか確認する。
　また，通信が ケ されていることも確認する。
⑤不安なサイトには絶対にアクセスしない。
⑥怪しい無線LANスポットに コ はしない。
⑦公共のパソコンでは個人情報を絶対に入力しない。

―― カ ～ コ の解答群 ――
⓪ 最新　　　　　　　　　　① 多くの人が使用しているバージョン
② 暗号化　　　　　　　　　③ 本物
④ セキュリティ対策ソフト　　⑤ 記号化
⑥ 接続　　　　　　　　　　⑦ コンピュータウイルス

第2問 次の文章を読み，後の問い(**問**1～7)に答えよ。(配点 30)

　けいさんとしのぶさんは，情報の授業で，「情報デザインの考え方を利用した，分かりやすい解説書」を作成する課題に取り組んでいる。ここでの解説書とは，特定のものを作ったり，遂行したりするための手順や，操作の方法を説明したものである。調理部に所属するけいさんとしのぶさんは，「肉じゃがのレシピ」を題材に取り上げることとした。作品は電子データで提出することになっており，利用するソフトウェアも，メディアの形式も問わず，自由に作成することができる。以下は，けいさんとしのぶさんの会話である。

けいさん　　：電子データの形式は，何でもいいんだよね。どういう形式にしよう？
しのぶさん　：それを決めないと，構成が決まらないよね。料理をしながらいつでもレシピを見られるようにしたいから，A文書作成ソフトでレシピを作って，いつでも見られるようにしたいな。
けいさん　　：私は，実際の作っている過程も見てもらいたくて，動画を作りたいなと思ってるんだ。
しのぶさん　：それなら，動画はスマートフォンで作っているところを撮ろう。B動画編集ソフトで作ったものを学校のCクラウドサービスにアップロードして，動画の　ア　を文書作成ソフトで作ったレシピに貼りつけて，pdfファイルで提出しよう。

問1 空欄　ア　に入れるのに最も適当なものを，次の⓪～③のうちから一つ選べ。

⓪　HTML
①　URL
②　IPアドレス
③　メールアドレス

問2 下線部A・Bについて，それぞれの方法で作成されたコンテンツにはどのような特徴があるか。最も適当なものを，次の⓪～③のうちから一つ選べ。 イ

⓪ 文書作成ソフトウェアで作成したコンテンツは，常に正しい内容であるといえる。
① 文書作成ソフトウェアで作成したコンテンツは，複製することが出来ない。
② 動画作成ソフトウェアで作成したコンテンツは，再生を開始する位置を自由に決められる。
③ 動画作成ソフトウェアで作成したコンテンツは，残存性がない。

問3 下線部A・Bについて，文字や動画のデジタル表現に関する説明について，**適当でないもの**を，次の⓪～③のうちから一つ選べ。 ウ

⓪ ある文字コードでデジタル化した文字データは，別の文字コードで元の文字に戻そうとしたときに，文字化けが起きる。
① 文字のみのデータのサイズは，どの文字コードでデジタル化しても，同じである。
② 動画において，1秒間に表示するフレーム数が大きいと，よりなめらかな動きが表現できる。
③ フレームレートや時間が同じ場合，フレーム1枚のデータ量が小さければ，動画のデータ量は小さくなる。

問4 下線部Cの説明として最も適当なものを，次の⓪～③のうちから一つ選べ。 エ

⓪ ファイルをアップロードした時に使った端末でしか利用できない。
① ネットワークが利用できない状態でも利用できる。
② 自分の端末にファイルをダウンロードすることなく利用することができる。
③ セキュリティ面の脆弱性は存在しない。

けいさん　　：最初に，文書作成ソフトで，肉じゃがの作り方を作っていこう。
しのぶさん：材料と，大まかな手順はこうかな。

材料（2人前）	手順
豚肉（細切れ）200 g じゃがいも3個 にんじん1本 玉ねぎ1個 水200 ml しょうゆ大さじ2 酒大さじ2 砂糖大さじ2 みりん大さじ2 顆粒和風だし大さじ1/2	1．じゃがいもとにんじんを乱切りにします。 2．玉ねぎはくし切りで，お肉を一口大に切ります。 3．鍋に軽く油を熱して，お肉を炒めます。 4．野菜も加えて炒め合わせ全体に油がまわったら砂糖とお水を注ぎ入れます。 5．合わせ調味料を加えて落としぶたをして，弱火で20～30分煮込みます。 6．じゃがいもとにんじんに箸がスッと通れば完成です。

（出典：「基本の肉じゃがレシピ・作り方」（kurashiru））

けいさん　　：D手順の「合わせ調味料」が，手順には書いていないね。「合わせ調味料」は，しょうゆ，酒，みりん，顆粒和風だしを合わせたものだから，材料にも「合わせ調味料」と書いて，必要な調味料がどこまでかが分かるように載せていこう。箇条書きにすると分かりやすいね。分量も，材料との間にスペースを空けると，読み取りやすいね。それから，手順2も修正しよう。材料の切り方で手順を分けたり，手順は，材料に書いてある名前を使って説明されているといいね。

しのぶさん：E「乱切り」や「くし切り」は，写真かイラストがあるといいよね。タイトルもつけて，レイアウトを工夫して，見やすくしよう。

問5 下線部Dについて,「材料」「手順」それぞれの指摘に対し考えられる改善策として最も適当なものを,それぞれの⓪~③のうちから一つずつ選べ。 オ , カ

「材料」 オ

⓪	材料(2人前)	
	豚肉(細切れ)	200 g
	じゃがいも	3個
	にんじん	1本
	玉ねぎ	1個
	水	200 ml
	砂糖	大さじ2
	しょうゆ	大さじ2
	酒	大さじ2
	みりん	大さじ2
	顆粒和風だし	大さじ1/2

①	材料(2人前)
	豚肉(細切れ) 200 g
	じゃがいも 3個
	にんじん1本
	玉ねぎ1個
	水 200 ml
	砂糖大さじ2
	合わせ調味料

②	材料(2人前)	
	豚肉(細切れ)	200 g
	じゃがいも	3個
	にんじん	1本
	玉ねぎ	1個
	水	200 ml
	砂糖	大さじ2
	合わせ調味料	
	しょうゆ	大さじ2
	酒	大さじ2
	みりん	大さじ2
	顆粒和風だし	大さじ1/2

③	材料(2人前)	
	豚肉(細切れ)	200 g
	じゃがいも	3個
	にんじん	1本
	玉ねぎ	1個
	水	200 ml
	砂糖	大さじ2
	合わせ調味料	
	➢ しょうゆ	大さじ2
	➢ 酒	大さじ2
	➢ みりん	大さじ2
	➢ 顆粒和風だし	大さじ1/2

「手順」　カ

⓪	手順
	1．じゃがいもとにんじんを乱切りにします。
	2．玉ねぎはくし切りで，豚肉を一口大に切ります。
	3．鍋に軽く油を熱して，お肉を炒めます。
	4．野菜も加えて炒め合わせ全体に油がまわったら砂糖と水を注ぎ入れます。
	5．合わせ調味料を加えて落としぶたをして，弱火で20～30分煮込みます。
	6．じゃがいもとにんじんに箸がスッと通れば完成です。

①	手順
	1．じゃがいもとにんじんを乱切りにします。
	2．玉ねぎをくし切りにします。
	3．お肉を一口大に切ります。
	4．鍋に軽く油を熱して，お肉を炒めます。
	5．じゃがいも・にんじん・玉ねぎも加えて炒め合わせ全体に油がまわったら砂糖と水を注ぎ入れます。
	6．合わせ調味料を加えて落としぶたをして，弱火で20～30分煮込みます。
	7．じゃがいもとにんじんに箸がスッと通れば完成です。

②	手順
	1．じゃがいもとにんじんを乱切りにします。
	2．玉ねぎをくし切りにします。
	3．豚肉を一口大に切ります。
	4．鍋に軽く油を熱して，豚肉を炒めます。
	5．野菜も加えて炒め合わせ全体に油がまわったら砂糖と水を注ぎ入れます。
	6．合わせ調味料を加えて落としぶたをして，弱火で20～30分煮込みます。
	7．じゃがいもとにんじんに箸がスッと通れば完成です。

③	手順
	1．じゃがいもとにんじんを乱切りにします。
	2．玉ねぎをくし切りにします。
	3．豚肉を一口大に切ります。
	4．鍋に軽く油を熱して，豚肉を炒めます。
	5．じゃがいも・にんじん・玉ねぎも加えて炒め合わせ全体に油がまわったら砂糖と水を注ぎ入れます。
	6．合わせ調味料を加えて落としぶたをして，弱火で20～30分煮込みます。
	7．じゃがいもとにんじんに箸がスッと通れば完成です。

問6 下線部Eについて,どのような工夫が考えられるか。最も適当なものを,次の⓪~③のうちから一つ選べ。 キ

⓪ 全体のレイアウトは,上から,「タイトル」「手順」「材料」の順に並べる。
① 「乱切り」「くし切り」などの切り方の例は,全ての手順を説明した後に載せる。
② 「材料」「手順」は,それらが説明されている部分を線で囲い込む。
③ タイトル以外の文字は,全て同じフォントサイズにし,配色も同一にする。

けいさん：動画も，構成を考えているところだよ。

	流れ	内容	時間
1	タイトル	● F「肉じゃがの作り方」文字を載せる	5秒
2	材料の紹介	● 「材料」文字を流す ● 分量ぶんの材料を全て映す 　↓ ● Gそれぞれの材料を一つずつ映す ● 調味料はまとめて映す	20秒
3	H手順の説明 ① 手順1 じゃがいもと人参を乱切りにする	● Iじゃがいもと人参の皮をむき，乱切りにしているところを映す	10秒

　　　　　　　　　　　　　　：
　　　　　　　　　　　　　　：

しのぶさん：構成表があると，どんな素材が必要か準備ができるね。料理をしているところだけ作ればいいと思ったけれど，思ったより撮るものが多くなりそうだね。

問7　構成表から，伝わりやすい動画を作るときの下線部F～Iについて，最も適当なものを，次の⓪～③のうちから一つ選べ。　ク

⓪　下線部Fでは，文字で表されたタイトル名が最も大事な情報であるので，どんな背景でも赤字にする。

①　下線部Gでは，材料を写せば何が必要かが分かるので，材料の名称と分量を文字で表す必要は無い。

②　下線部Hでは，各手順でどのようなことをすればよいかが分かるように，ノーカットで動画を撮り，動画の編集は行わない。

③　下線部Iでは，どれくらいの大きさで切るのかなど，注意点があれば，音声や文字で補足する。

第3問 次の文章を読み，後の問い(問1～4)に答えよ。(配点 25)

文化祭の企画としてクレープとマフィンを作り販売することとした。

表1．レシピ

商品名	卵	牛乳(cc)	出来上がる数	原価	販売価格
マフィン	2	100	8個	@80	@300
クレープ	4	500	15枚	@130	@500

しかし，文化祭が近くなってきた頃に，仕入れ予定のお店からの連絡で，一部の商品が仕入れにくくなっていることから，卵と牛乳について購入数の制限をするとのことが分かった。

卵は50個，牛乳は5600ccまでとのことであった。

お店からの購入制限には変動する可能性があるとも説明があったため，変動してもマフィンとクレープを何個作ると売り上げが最大になるか分かるプログラムを作ることとした。まず，すべてマフィンを作ったとすると何個作れるかが分かるプログラム1を作った。

プログラム1では設定条件として，変数 **milk, egg** にはそれぞれ購入できる牛乳と卵の最大数を，変数 **m_egg, m_milk** にはマフィンを作る際に使用する卵と牛乳の数を代入する。また，使用できる卵と牛乳の視点から，最大で作れるマフィンの数を計算し，変数 **m_count_e** には卵の視点の回数を，変数 **m_count_m** には牛乳の視点からの回数が代入されるように計算する。ここの計算では回数は整数で代入されるように式を工夫する。つまり，購入できる卵が50個に対し1回のマフィン作りでは2個使うので，最大25回作ることができるため **m_count_e** には25が代入される。同じように，**m_count_m** には アイ が代入されることになる。

次に，**m_count_e** と **m_count_m** を比較し，材料の範囲内で作れるマフィンの最大数を **max_count_m** に代入する。今回の購入制限では，マフィンを作れる最大回数は ウエ 回ということが分かる。

【プログラム1】

```
(1)   milk = 5600 ; egg = 50 ;
(2)   m_egg = 2 ; m_milk = 100
(3)   max_count_m = 0
(4)   m_count_e = [ オ ]
(5)   m_count_m = [ カ ]
(6)   もし [ キ ] ならば：
(7)   │   max_count_m = m_count_m
(8)   そうでなければ：
(9)   │   max_count_m = m_count_e
(10)  表示する("マフィンの最大数は", [ ク ] ,"個になる")
```

算術演算の補足

加減乗除の四則演算は，『+』，『-』，『*』，『/』で表す．整数の除算では，商(整数)を『÷』で，余りを『%』で表す．べき乗は『**』で表す．

問 1　文中の空欄 アイ ・ ウエ に当てはまる数字をマークせよ．

問 2　【プログラム1】の空欄 オ ～ ク に入れるのに最も適当なものを，次の解答群のうちから一つずつ選べ．

── オ ・ カ の解答群 ──
⓪ egg / m_egg　　　① milk / m_milk
② egg % m_egg　　　③ milk % m_milk
④ egg ÷ m_egg　　　⑤ milk ÷ m_milk
⑥ egg ** m_egg　　　⑦ milk ** m_milk

―― キ ・ ク の解答群 ――――――――――――――――――――
⓪ m_count_e < m_count_m * 8　　① c_milk < m_count_e
② m_count_e != m_count_m　　　③ m_count_e >= m_count_m
④ max_count_m　　　　　　　　　⑤ m_count_m
⑥ m_count_m * 8　　　　　　　　⑦ max_count_m * 8

　問1で作った【プログラム1】の6~9行目までを引数を2つとした「比較」という関数としてプログラムを作りなおした。

　例えば，「比較」関数を利用して，作れるマフィンの最大数を求めるプログラムは「**max_count_m** = 比較 (**m_count_e, m_count_m**)」のようになる。

　また「**a** = 比較 (**30, 45**)」とした時に，**a** には **30** が代入される。

　【プログラム1】から続きを作り，マフィンの最大数を求めるのに使った変数 **max_count_m** を利用し，マフィンが1個~**max_count_m** 個までの売上金額の推移から売り上げが最大となるマフィンとクレープの個数を計算し，最大売上金額が表示されるプログラム2を作ることとした。【プログラム1】の続きであるプログラム2は以下となる。ただし，行番号について実際には関数に変更しているため11行目からではないが，【プログラム1】からの続きをイメージしやすくするために11行目からスタートという意味で **(11)** と表記している。

【プログラム2】

```
(11)   max_count_m = 比較(m_count_e, m_count_m)
(12)   c_egg = 4；c_milk = 500；max_uriage = 0；max_m = 0；
       max_c = 0；count_c = 0
(13)   n を 1 から max_count_m まで 1 ずつ増やしながら繰り返す:
(14)   │   count1 = (milk - m_milk × n) ÷ c_milk
(15)   │   count2 = (egg - m_egg × n) ÷ c_egg
(16)   │   count_c = 比較(count1, count2)
(17)   │   tmp_uriage = 300 * n * 8 + 500 * count_c * 15
(18)   │   もし max_uriage < tmp_uriage ならば:
(19)   │   │   max_uriage = tmp_uriage
(20)   │   │   max_m = n
(21)   │   └   max_c = count_c
(22)   表示する("最大売上金額は", max_uriage)
```

問3 【プログラム2】で使われている変数 count1, count2, tmp_uriage の役割を次の⓪～⑥のうちから一つずつ選べ。ただし、変数 count1 は ケ , count2 は コ , tmp_uriage は サ にマークせよ。

⓪ マフィンの最大個数をカウントしている変数である。
① マフィンを n 回作った時の残っている牛乳でクレープを作れる回数を代入している変数である。
② マフィンを n 回作った時の残っている卵でクレープを作れる回数を代入している変数である。
③ クレープを n 回作った時の残っている牛乳でマフィンを作れる回数を代入している変数である。
④ クレープを n 回作った時の残っている卵でマフィンを作れる回数を代入している変数である。
⑤ 最大売上金額が代入されている変数である。
⑥ 最大売り上げ金額の候補となる数字が代入されている変数である。

問4 【プログラム2】を実行したことからわかることを文章にした。以下の文章の空欄に当てはまる数字をそれぞれマークせよ。

プログラムを実行すると，売上金額の合計が最大となるとき，クレープは シスセ 枚とマフィンは ソタチ 個，作ることになることがわかった。
またその時の材料の余りは，卵は ツテト 個，牛乳は ナニヌ ccであることがわかった。

第4問 次の文章を読み，後の問い(**問1～3**)に答えよ。(配点 25)

　身近にある情報通信ネットワークが活用されているシステムの1つに，ネットショップ(Webショップ)がある。今回はこのシステムを考察したい。シンプルなネットショップのシステムは図1のような構成とする。

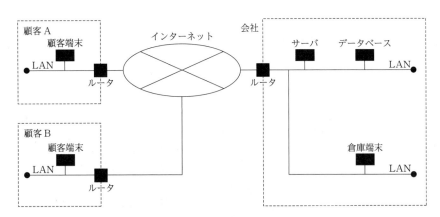

図1　ネットショップシステムの構成図

問1　システムの処理の流れは図2に示すシーケンス図のようになる。空欄　ア　～　オ　に入れるのに最も適当なものを，後の解答群のうちから一つずつ選べ。

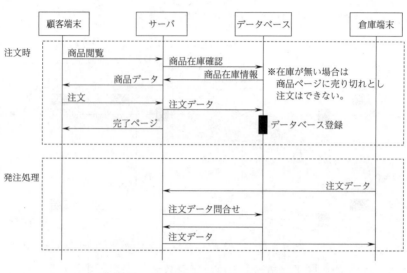

図2　システムのシーケンス図

- 利用者が端末(Webブラウザ)より商品を閲覧する。購入したい商品を見つけたら注文処理をおこなう。注文内容は　ア　として　イ　に送信する。
- 　イ　は，　ア　をデータベースに記録する。次にサーバは顧客の端末に　ウ　を送信する。
- 発注処理では，　エ　からサーバに　オ　を取得する。

── 　ア　～　オ　の解答群 ──
⓪ 顧客端末　　① サーバ　　② データベース　　③ 倉庫端末
④ 注文データ　⑤ 完了ページ　⑥ 商品データ

問 2 次の文章を読み，空欄 カ ～ ス に入れるのに最も適当なものを，後の解答群のうちから一つずつ選べ。

このシステムの各処理に要する時間，データサイズは以下のようになる。
また1キロバイト＝2^{10}(1024)バイトとし，キロバイト以降2^{10}ごとに単位がかわることとする。

```
注文データ           ：50キロバイト
データベース書込データ：30キロバイト
ネットワーク回線速度  ：1 MBit/s
データベース処理時間  ：0.01秒
```

注文が確定しデータが送信されてから，データベースが注文データの書込処理を完了するまでの処理時間を計算する。ネットワーク上にあるルータなどの動作時間は考慮する必要はないことにする。

① 顧客端末からサーバまで注文データを送信する過程を考える。まず注文データのデータ量をビットで表す。
　よって カ × キ bit ＝ ク bit となる。これを1 Mbit/sのネットワークで送信するので， ク /1 Mbit＝およそ ケ 秒となる。

② 注文データを受信したサーバでは，データベースにデータベース書込データを送信する。サーバとデータベース間の送信データのデータ量をビットで表すと， コ × キ bit ＝ サ bit となる。これを1 Mbit/sのネットワークで送信するので， サ /1 Mbit＝およそ シ 秒となる。

③ データベースでは，データベース書込データを受信後に書込処理をおこなう。この処理時間は10ミリ秒である。

④ よって， ケ 秒＋ シ 秒＋0.01秒＝ ス 秒がこのシステムの処理時間となる。

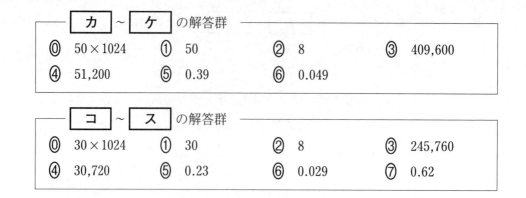

問 3 次の文章を読み，空欄 セ ・ ソ に入れるのに最も適当なものを，後の解答群のうちから一つずつ選べ。

　このシステムを運用していると，ごくまれに在庫がないのに注文を受けてしまうことがあった。原因を調査すると，複数の人が同じ商品を同時に注文すると不具合があることが分かった。システム管理者のAさんは，この問題の改善策を検討し，次のように改善するのがよいのではないかと考えている。また，このデータベースは，DBMS(データベース管理システム)により，データベースへの操作について排他制御がおこなわれているものとする。

① 現状のシステムでは，商品閲覧時に在庫の確認をしてページを表示している。同じ商品を複数の人が同時に閲覧している可能性がある。例えば在庫が1つしかない状況で，2人が同時に同じ商品を閲覧した場合，どちらも閲覧時は在庫があるため注文可能になる。

② サーバは注文データを受信した場合，データベース書込処理をデータベースに指示し，その処理の完了をチェックせず注文完了ページを顧客端末に送信している点に問題があると考えた。

③ 改善案として，サーバでの注文データを受信した時，データベースにすぐにデータを書き込むのではなく，もう一度， セ を確認する。 セ がある場合は，注文完了ページを顧客端末に送信する。
　 セ がない場合は， ソ を顧客端末に送信する処理を追加する。

―――― セ ・ ソ の解答群 ――――
⓪ 注文データを送信　　　① データベースに在庫
② 売り切れページ　　　　③ 商品閲覧ページ

第 4 回

(60分/100点)

◆ 問題を解いたら必ず自己採点により学力チェックを行い，解答・解説，学習対策を参考にしてください。

配点

設　問	配点
第1問A　生成AIにまつわる著作権の法や制度	7点
第1問B　コンピュータの構成要素	13点
第2問　情報通信ネットワーク	30点
第3問　アルゴリズムとプログラミング	25点
第4問　データの活用	25点

第1問　次の問い(**A・B**)に答えよ。(配点　20)

A　令和5年度6月に文化庁は著作権セミナー「AIと著作権」の講演映像と資料を公開した。そこからわかったことを生徒たちがノートにまとめている。以下の文章を読んで後の問い(**問1〜3**)に答えよ。ただし，令和5年10月現在の法令を元に解いていくこととする。

＜著作権のある著作物の複製について＞
　他人の著作物を，①権利者から許諾を得ておらず，②権利制限規定にも該当しないにもかかわらず利用した場合は，著作権侵害となる。

＜許諾なく利用できる場合＞
　他人の著作物を利用したい場合，権利者から利用の許諾を得るのが原則である。
　しかし，著作権法には，公益性の高い利用等，一定の場合に著作物の利用を認める規定が各種設けられている(例えば，私的使用のための複製(法第30条)など)。権利制限規定に該当する場合は，権利者から許諾を得ることなく，著作物を利用可能である(著作権侵害とはならない)。

＜著作権法の制度設計について＞
　著作権法では「著作者等の権利・利益を保護すること」と，「著作物を円滑に利用できること」とのバランスを取ることが重要と考えられており，各種の規定も，このような考え方に基づいて制度設計されている。

　生成AIでは大量の学習データが必要になる。学習データを収集し利用する際に著作権侵害が起きる。数十億点にもなる大量の学習用データについて個別に許諾を得ることが困難・非現実的という課題があり，経済発展の阻害になってしまう。(a)平成30年の著作権法改正により，柔軟な権利制限規定が設けられることとなった。改正された部分を以下に転記した。

> 著作権法第 30 条の 4（著作物に表現された思想又は感情の享受を目的としない利用）
>
> 　著作物は，次に掲げる場合その他の当該著作物に表現された思想又は感情を自ら享受し又は他人に享受させることを目的としない場合には，その必要と認められる限度において，いずれの方法によるかを問わず，利用することができる。ただし，当該著作物の種類及び用途並びに当該利用の態様に照らし著作権者の利益を不当に害することとなる場合は，この限りでない。
>
> 一　著作物の録音，録画その他の利用に係る技術の開発又は実用化のための試験の用に供する場合
>
> 二　情報解析（多数の著作物その他の大量の情報から，当該情報を構成する言語，音，影像その他の要素に係る情報を抽出し，比較，分類その他の解析を行うことをいう。第四十七条の五第一項第二号において同じ。）の用に供する場合
>
> 三　前二号に掲げる場合のほか，著作物の表現についての人の知覚による認識を伴うことなく当該著作物を電子計算機による情報処理の過程における利用その他の利用（プログラムの著作物にあつては，当該著作物の電子計算機における実行を除く。）に供する場合

　「享受」とは，著作物の視聴等を通じて，視聴者等の知的・精神的欲求を満たすという効用を得ることに向けられた行為をいう。具体的には，文章を閲読すること，音楽を鑑賞すること，プログラムを実行することなどが考えられる。

＜AI の学習用データについて＞
　法第 30 条の 4 では，「享受させることを目的としない」場合であれば，「非営利目的か否か」，「研究目的か否か」といった点を問わず，著作権者の許諾を不要としている。

＜生成 AI により生成したものが著作権侵害かどうかについて＞
　AI を利用して画像等を生成した場合でも，著作権侵害となるか否かは，人が AI を利用せず絵を描いた場合などの，通常の場合と同様に判断される。
⇒「類似性」及び「依拠性」による判断が行われる。

類似性	他人の著作物と同一・類似
依拠性	他人の著作物に依拠

＜AI 生成物に，既存の著作物との「類似性」又は「依拠性」が認められない場合＞
　既存の著作物の著作権侵害とはならず，著作権法上は著作権者の許諾なく利用することが可能である。ただし，肖像権やパブリシティ権の侵害については別途検討が必要となる。

　AI 生成物に既存の著作物との「類似性」及び「依拠性」が認められる場合，そのような AI 生成物を利用する行為は，「権利者から利用許諾を得ている」，「許諾が不要な権利制限規定が適用される」のいずれかに該当しない限り，著作権侵害となる。ただし，私的に鑑賞するため画像等を生成するといった行為(私的使用のための複製(法第 30 条第 1 項))や授業目的の複製(法第 35 条)等は，権利制限規定に該当し，著作権者の許諾なくおこなうことが可能である。

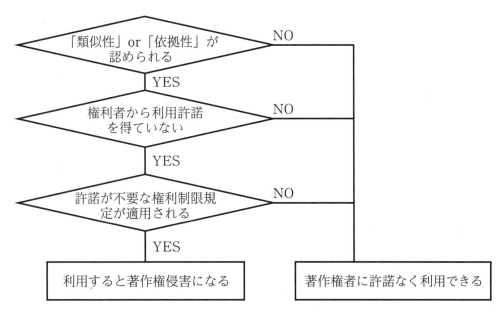

図1　類似性と依拠性と著作権侵害の流れ図

問1 下線部(a)の法改正前では著作権侵害と捉えられてしまう行為ではない行為として最も適当なものを，次の⓪〜③のうちから一つ選べ。ただし，これらはすべて著作権者から未許諾の行為である。 ア

⓪ 生成 AI の学習用データとしてスクレイピングによる Web 上のデータの収集
① 生成 AI の学習用データとして作成した学習用データセットを Web 上で公開
② 生成 AI の学習用データとしてオープンデータプロジェクトのデータの収集
③ 生成 AI を使って推論用に入力する著作物をサーバに保存

問2 改正後について，AI 生成物に既存の著作物との「類似性」や「依拠性」が認められると分かっていた場合で，著作権者に許諾を得ずに利用しようとした時に著作権侵害となる選択肢として最も適当なものを，次の⓪〜③のうちから一つ選べ。 イ

⓪ 高等学校の授業内で発表する資料に使うイラストを生成 AI にて作成した。発表は授業内のみで，インターネット上にはアップロードしない。
① 吹奏楽部の部活動で私が使う練習曲を生成 AI にて作成した。
② 学校の部活動ではないが，楽曲を作るヒントとして聴くために，自分が好きな1つのアーティストのみで学習させた生成 AI から曲を作った。
③ 全国の高校だけが参加できる全国高校文化連盟主催の文芸コンクールに提出する小説を生成 AI にて作成した。ただし，教科書に載っている文章のみを学習データとしている。

問 3　AI生成物を利用する際に注意すべきこととして，**適当でないもの**を，次の⓪〜③のうちから一つ選べ。 ウ

⓪　フリー素材を中心の学習データにする。
①　そのまま利用しないようにする。
②　既存の著作物と類似性のあるものを生成していないか確認する。
③　行おうとしている利用行為(公衆送信・譲渡等)が，権利制限規定に該当するか確認する。

B 以下の会話文は「micro:bit」という手のひらサイズの小型でありながら各種センサーが搭載されているパソコンのバージョンについての文章である。「micro:bit」は別のパソコンと接続し，プログラムを流し込むことで組み込まれたプログラムを繰り返し実行することができるパソコンである。会話文を読み，後の問い(**問1～3**)に答えよ。

さとし：micro:bit が出始めたころの V 1.5 はスピーカーがなかったけど，V 2.2 になってからは，スピーカーがつくなどスペックが変わって使いやすくなりました。文化祭では micro:bit を使った催しを計画したいと思っています。そこでまずはスペックの違いを比較するために表を作ってきました。
　　　　_エメモリの容量や_オ補助記憶装置としての容量も大きく変わっていますね。

ふゆみ：こうやって見比べてみると随分変わったんですね。V 1.5 の時に Bluetooth 機能を使って，「micro:bit をゲームのコントローラーのようにしてモニターと接続する」という実験をプログラムしました。通常 micro:bit を使用するときは，別のコンピュータ上でプログラムを作成し，シミュレーターでの動きを確認した後に，micro:bit をパソコンに接続しプログラムをダウンロードします。しかし，_カシミュレーターでは動くのにいざ，micro:bit にダウンロードするとエラーになってしまうことが多くあり，プログラムを軽くすることで解決したのが懐かしいです。

さとし：CPU の処理スピードもすごく速くなっていますね。処理速度は V 1.5 の時には 1 秒間に キ 万回だったのが，V 2.2 では ク 万回になったので，単純に考えて ケ 倍になっていますね。

表 micro:bit V 1.5 と V 2.2 のスペック比較表

項目	V 2.2	V 1.5
モデル	Nordic nRF52833 (opens new window)	Nordic nRF51822-QFAA-R rev 3(opens new window)
Core variant	Arm Cortex-M4 32 bit processor with FPU (opens new window)	Arm Cortex-M0 32 bit processor (opens new window)
Flash	ROM　512 KB	ROM　256 KB
RAM	128 KB	16 KB
Speed	64 MHz	16 MHz

問 1　下線部エとオにあった記憶装置は V 2.2 の場合，容量はいくらか。表を見て，次の⓪〜④のうちから一つずつ選べ。 エ ， オ

⓪　32 bit　　①　512 KB　　②　256 KB　　③　128 KB　　④　16 KB

問 2　下線部カが起きたのはなぜか。最も適当なものを，次の⓪〜③のうちから一つ選べ。 カ

⓪　メモリ不足だった。
①　補助記憶領域不足だった。
②　処理速度不足だった。
③　OS の対応バージョンが 32 bit と容量不足だった。

問 3　会話文中の空欄 キ 〜 ケ に入れるのに最も適当なものを，次の⓪〜⑧のうちから一つずつ選べ。ただし，1 KB＝1000 B，1 MHz＝1000000 Hz として計算せよ。

⓪　2　　　　①　4　　　　②　8　　　　③　16　　　④　64
⑤　128　　　⑥　1,600　　⑦　3,200　　⑧　6,400

第2問　次の文章を読み，後の問い(問1～3)に答えよ。(配点　30)

　Webブラウザから「http://www.example.com/index.html」(以降，Webサイトという)を閲覧するときのパケットを，パケットキャプチャツールを使用して観察した。このネットワークの概略図は図1のとおりである。家庭側のネットワークにあるPC1でパケットキャプチャツールを実行し，PC1のWebブラウザからWebサイトにアクセスした。この時のPC1のEthernetポートで検出できるパケットを観察した。ただし，パケットはWebブラウザ以外にも多く流れているため，資料1の動きが確認できるパケットのみを抽出して観察することにした。

資料1　(WebブラウザからWebサイトにアクセスするときのパケットの流れ)

(1)　Webブラウザから入力されたURLの　ア　から，接続先のサーバの　イ　を取得するため，　ウ　に問い合わせコマンドを送信する。

(2)　ウ　は問い合わせがあった　ア　に対応する　イ　を回答としてPC1に送る。

(3)　回答で通知された　イ　を使用し，　エ　にホームページのデータを取得するコマンドを送信する。この時に使用するアプリケーションのプロトコルは　オ　である。

(4)　エ　から送信した　オ　コマンドの応答が送られてくる。

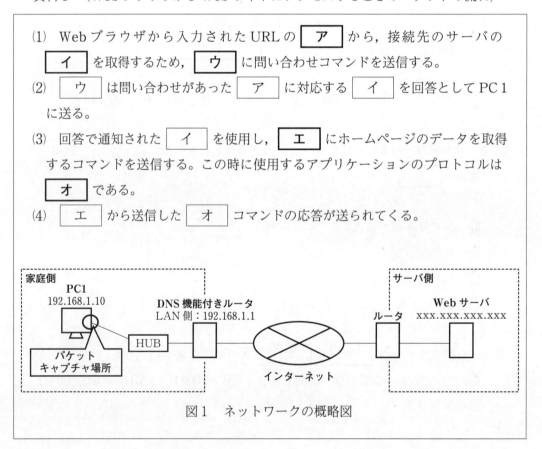

図1　ネットワークの概略図

問 1 資料1の説明文中の空欄 ア ～ オ に入れるのに最も適当なものを，次の解答群のうちから一つずつ選べ。

ア ～ オ の解答群
- ⓪ DNS
- ① IPアドレス
- ② ドメイン名
- ③ Webサーバ
- ④ http

問 2 図2はTCP/IPの階層モデルを示している。図中の カ ～ ケ に入れるのに最も適当なものを，後の解答群のうちから一つずつ選べ。

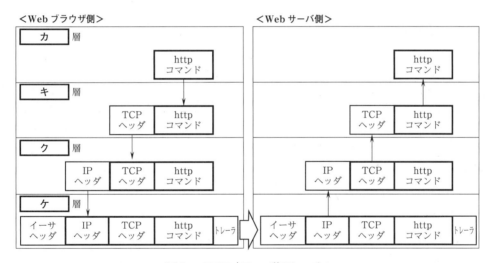

図2　TCP/IPの階層モデル

カ ～ ケ の解答群
- ⓪ インターネット層
- ① トランスポート層
- ② セッション層
- ③ ネットワークインタフェース層
- ④ アプリケーション層

問3　図3は資料1の通信をおこなった際のPC1のEthernetポートを流れるパケットをキャプチャした結果の一部である。★印で示したパケットについて，詳細の情報を取得（図4はその詳細情報の一部）したところ，イーサヘッダとIPヘッダの宛先アドレスが違うことに気がついた。イーサヘッダとIPヘッダの宛先アドレスが違う理由を(ア)〜(オ)まで考えた。理由として最も適当な組み合わせを，後の解答群のうちから一つ選べ。解答は　コ　。

No	時間	送信元	宛先	プロトコル	概要
	:	:	:	:	:
	:	192.168.1.10	192.168.1.1	DNS	Standard query A www.example.com
	:	192.168.1.1	192.168.1.10	DNS	Standard query response CNAME www.example.com A xxx.xxx.xxx.xxx
	:	:	:	:	:
	★	192.168.1.10	xxx.xxx.xxx.xxx	HTTP	GET / HTTP/1.1
	:	xxx.xxx.xxx.xxx	192.168.1.10	TCP	http > 1143 [ACK]
	:	xxx.xxx.xxx.xxx	192.168.1.10	HTTP	HTTP/1.1 200 OK
	:	xxx.xxx.xxx.xxx	192.168.1.10	HTTP	Continuation or non-HTTP traffic
	:	192.168.1.10	xxx.xxx.xxx.xxx	TCP	1143 > http [ACK]
	:	:	:	:	:
	:	:	:	:	:

図3　キャプチャしたパケットのリスト(一部)

イーサヘッダ	
宛先アドレス	00:80:87:96:59:e1　(192.168.1.1)
送信元アドレス	00:0d:0b:26:36:3d　(192.168.1.10)
(省略)	

IPヘッダ	
(省略)	
送信元アドレス	192.168.1.10
宛先アドレス	xxx.xxx.xxx.xxx
(省略)	

図4　キャプチャしたパケットのリスト(一部)

考えた理由

(ア) IP ヘッダの宛先アドレスは，最終的に届けたい PC の IP アドレスを示している。

(イ) イーサヘッダの宛先アドレスは，家庭側のネットワーク内におけるパケットの配送先を取り扱っている。

(ウ) PC1 がある家庭側のネットワークから他のネットワークへパケットを送信するため，まずはルータにパケットを送信しようとしている。

(エ) PC1 がある家庭側のネットワーク内でのパケットの転送は，物理アドレスで転送される。

(オ) ソフトウェアに問題があり間違った宛先が設定されているため，このパケットは消えてしまう。

コ の解答群

⓪ (ア)と(イ)と(オ)   ① (ア)と(イ)と(ウ)と(オ)

② (ア)と(イ)と(ウ)と(エ)   ③ (ア)と(オ)

第3問 次の問い(問1・2)に答えよ。(配点 25)

問1 次の説明文を読み,空欄 ア ～ セ に入れるのに最も適当なものを,後の解答群のうちから一つずつ選べ。

生徒:暗号化のプログラムを考えてみようと思っています。ただ,公開鍵暗号方式などのプログラムを考える前に,シンプルな暗号の仕組みでプログラムを考えてみたいです。

先生:いいですね。では,2進法乱数式暗号の1つであるバーナム暗号を例に考えてみましょう。

生徒:分かりました。ところで,バーナム暗号とはどんなものなのでしょうか。

先生:まず,相手に送りたいメッセージを平文といいますね。平文は2進数で扱うことにしましょう。

生徒:はい。

先生:そして,2進数の暗号鍵を用意します。暗号鍵は平文と同じbit数の乱数としましょう。

A	B	A xor B 排他的論理和
0	0	0
0	1	1
1	0	1
1	1	0

生徒:文字が多いと暗号鍵となる乱数も大きくなりますね。

先生:そうですね。そして,平文と暗号鍵の排他的論理和(xor:Exclusive OR)を取ることで暗号化します。排他的論理和とは表のような演算のことです。

生徒:なるほど。排他的論理和とは,このような演算をするのですね。

先生:例えば「A」という文字を平文として,を暗号鍵「0010011」で暗号化することを例に見てみましょう。

文字はASCIIコードの2進数で取り扱いましょう。

文字	コード
A	1000001
B	1000010
C	1000011
D	1000100
E	1000101
F	1000110
G	1000111
H	1001000
I	1001001

文字	コード
J	1001010
K	1001011
L	1001100
M	1001101
N	1001110
O	1001111
P	1010000
Q	1010001
R	1010010

文字	コード
S	1010011
T	1010100
U	1010101
V	1010110
W	1010111
X	1011000
Y	1011001
Z	1011010

先生：「A」はASCIIコードでは，1000001ですね。暗号鍵は0010011です。この2つの排他的論理和は次のようになります。

```
      1 0 0 0 0 0 1
xor   0 0 1 0 0 1 1
      ─────────────
      ア イ ウ エ オ カ キ
```

生徒：なるほど。このように暗号化をおこなうのですね。

先生：そうですね。今回のプログラムでは，平文を一文字ずつ暗号化していくことにしましょう。また分かりやすいように，暗号鍵は7ビットの2進数の乱数を用意し，全ての文字でこの7ビットの乱数を用いることにしましょう。

生徒：分かりました。例えば，暗号鍵となる7bitの乱数を「0010011」として，OKを暗号化する場合は，Oのコード(1001111)と暗号鍵(0010011)の排他的論理和 ク ，そしてKのコード(1001011)と暗号鍵(0010011)の排他的論理和 ケ を，それぞれをつなげたものを出力する処理でよいでしょうか。

先生：その通りです。今回は勉強のために仕組みを簡略化していることを強調します。

このプログラムの処理を以下のフローチャートにまとめた。

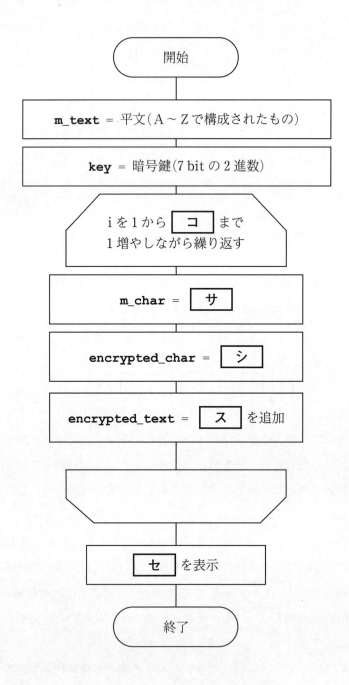

─ ア ～ キ の解答群 ─
⓪ 0　　　　　　　　　　　　① 1

─ ク ・ ケ の解答群 ─
⓪ 1000110　① 1011000　② 1011100　③ 1010000

─ コ ～ セ の解答群 ─
⓪ m_text の i 番目の文字を ASCII 文字コードに変換した結果
① m_text xor key
② encrypted_char
③ encrypted_text
④ m_text の文字数

問2 前問のフローチャートに従ってプログラムを作成した。空欄 ソ ～ ト に入れるのに最も適当なものを，後の解答群のうちから一つずつ選べ。

【プログラミング言語で呼び出し可能関数】

ASCII 文字コード変換（引数 a）…引数 a の文字の 2 進数 ASCII コードを返します。

排他的論理和（引数 a，引数 b）…引数 a と引数 b の排他的論理和を返します。

```
(1)  m_text = 平文
(2)  key    = 暗号鍵（7 bit の 2 進数）

(3)  i を 1 から ソ まで 1 ずつ増やしながら繰り返す：
(4)      m_char = タ
(5)      encrypted_char = チ ( ツ , テ )
(6)      encrypted_text = encrypted_text + encrypted_char

(7)  表示する( ト )
```

―― ソ ・ タ の解答群 ――
⓪ **m_text** の i 番目の文字
① **key** の i 番目の文字
② ASCII 文字コード変換(**m_text** の i 番目の文字)
③ ASCII 文字コード変換(**key** の i 番目の文字)
④ **m_text** の文字数
⑤ **key** の文字数

―― チ ～ ト の解答群 ――
⓪ 排他的論理和
① 表示
② **m_char**
③ **key**
④ **m_text**
⑤ **encrypted_text**

第 4 問　次の文章を読み，後の問い(**問 1 ～ 5**)に答えよ。(配点　25)

　次の表 1 は，A さんが，都道府県別の統計データをさまざまな指標やグラフで表現するという宿題のために，「都道府県別の高等学校」をテーマに，国が実施したデータを集め，まとめたものである。

表 1　都道府県別高等学校数・生徒数・教員数

都道府県	高等学校数(校)	生徒数(人)	教員数(人)
北海道	272	112,146	9,853
青森県	71	29,349	2,712
岩手県	79	29,237	2,854
宮城県	95	54,112	4,492
秋田県	52	21,100	2,001
山形県	60	26,679	2,409
熊本県	73	43,605	3,675
大分県	54	28,904	2,597
宮崎県	51	28,606	2,571
鹿児島県	89	42,391	4,154
沖縄県	63	42,885	3,484

(出典：学校基本調査　令和 4 年度より)

問 1　Aさんはまず，都道府県別高校数から，図1のようにヒストグラムを求めた。下記のヒストグラムから，代表値として最も適当なものを，後の⓪～③のうちから一つ選べ。　ア

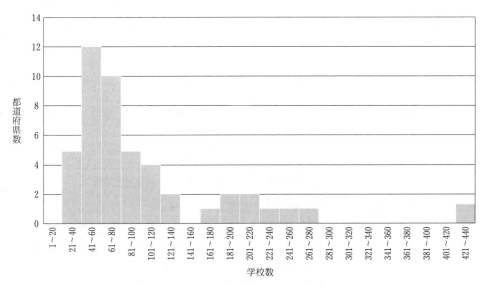

図1　都道府県別学校数のヒストグラム

⓪　平均値
①　中央値
②　最小値
③　分散

問2 次に，度数を降順にソートし，相対度数と累積相対度数を求めた(表2)。相対度数は，各学校数に対する度数をその総数で割った値であり，累積相対度数は，その学校数までの相対度数の全ての和(累積和)のことである。

これをもとに，図2のようにパレート図を作成した。このパレート図は，都道府県数を降順にならべ棒グラフに表したものと，累積相対度数を折れ線グラフにしたものを組み合わせたものである。図2より読み取れることとして最も適当なものを，後の⓪～③のうちから一つ選べ。 イ

表2 学校数ごとの都道府県数および相対度数・累計相対度数(一部)

学校数	度数(都道府県数)	相対度数	累計相対度数
41～60	12	0.26	0.26
61～80	10	0.21	0.47
21～40	5	0.11	0.57
81～100	5	0.11	0.68
101～120	4	0.09	0.77
121～140	2	0.04	0.81

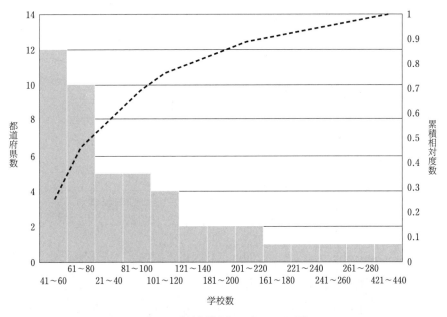

図2　学校数別のパレート図

⓪　学校数が21～40，81～100の都道府県数で，全体の都道府県数の50％を占める。

①　学校数が21～40，81～100の都道府県数で，全体の学校数の約50％を占める。

②　学校数が41～80校の都道府県数は，全体の都道府県数の約50％を占める。

③　学校数が41～80校の都道府県数で，全体の学校数の約50％を占める。

問3 次の文章を読み，空欄 ウ ～ オ に当てはまる語句や数字を，後の解答群のうちから一つずつ選べ。

Aさんはさらに，各学校数の範囲に対する実際の高校数を求め，問2と同様に，相対度数と累積相対度数を求め，表3のようにまとめた。

表3 総学校数別の相対度数と累計相対度数（一部）

学校数	総学校数	相対度数	累計相対度数
41～60	620	0.13	0.13
61～80	730	0.15	0.28
21～40	181	0.04	0.32
81～100	451	0.09	0.41
101～120	428	0.09	0.50
121～140	266	0.06	0.55
181～200	374	0.08	0.63

さらに，横軸に問2で算出した累計相対度数を，縦軸に総学校数の累積相対度数をとり，その対応関係をグラフ化した（図3）。このグラフでは， ウ を見ることができ，グラフより， エ であることが分かる。グラフは， ウ が等しいとき， オ となる。

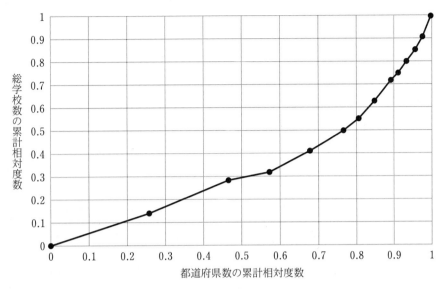

図3 累計相対度数の関係

―― ウ の解答群 ――
- ⓪ 都道府県に対する学校数の分布の偏り
- ① 学校数に対する都道府県の分布の偏り
- ② 各都道府県に対する学校数の割合
- ③ 学校数に対する都道府県の割合

―― エ の解答群 ――
- ⓪ 都道府県数の35％で，全国の約20％の学校数を占めている
- ① 都道府県数の70％で，全国の約90％の学校数を占めている
- ② 全国の約35％の学校で，都道府県の20％の学校数を占める
- ③ 全国の約70％の学校で，都道府県の90％の学校数を占める

- オ の解答群 -
- ⓪ 座標 (0, 0) と (1, 1) を通る直線
- ① 座標 (0, 1) と (1, 0) を通る直線
- ② 座標 (0.5, 1) を最大値とする上に凸の曲線
- ③ 座標 (0.5, 0) を最小値とする下に凸の曲線

問4 Aさんは次に，生徒数や教員数・学校数の関係に着目した。1校あたりの生徒数と1校あたりの教員数を算出し(表4)，それらと学校数の関係を散布図(図4-1, 図4-2)にし，相関係数を算出した(表5)。散布図と相関係数から解釈できることとして最も適当なものを，後の⓪〜③のうちから一つ選べ。 カ

表4　一校あたりの生徒数と一校あたりの教員数を含めた表(一部)

都道府県	高等学校数(校)	生徒数(人)	教員数(人)	一校あたりの生徒数(人)	一校あたりの教員数(人)
北海道	272	112,146	9,853	412.3	36.2
青森県	71	29,349	2,712	413.4	38.2
岩手県	79	29,237	2,854	370.1	36.1
宮城県	95	54,112	4,492	569.6	47.3
秋田県	52	21,100	2,001	405.8	38.5
山形県	60	26,679	2,409	444.7	40.2
福島県	102	43,903	3,859	430.4	37.8

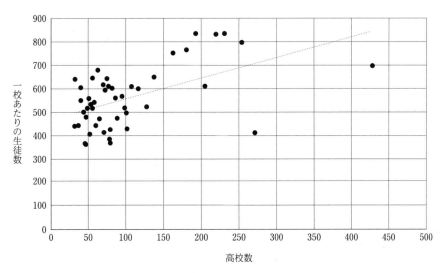

図 4-1　都道府県高校数と一校あたりの生徒数の関係

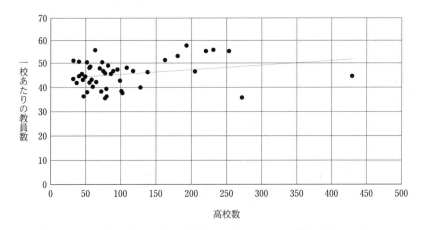

図 4-2　都道府県別高校数と一校あたりの教員数の関係

表5　高校数との相関係数

一校あたりの生徒数(人)	一校あたりの教員数(人)
0.53	0.26

⓪　一校あたりの生徒数のほうが，一校あたりの教員数より，散らばりの度合いが大きい。

①　一校あたりの教員数のほうが，一校あたりの生徒数より，散らばりの度合いが大きい。

②　高校数が増えると，一校あたりの生徒数や一校あたりの教員数が多くなるが，その関係の強さは，一校あたりの生徒数の方が強い。

③　高校数が増えると，一校あたりの生徒数や一校あたりの教員数が多くなるが，その関係の強さは，一校あたりの教員数の方が強い。

問 5 高校数の分布は，都道府県によりばらつきがあることから，Aさんは箱ひげ図を作成し，四分位範囲の 2 倍として外れ値を求めたところ，3 件のデータが外れ値の対象となった。**問 4** で作成した散布図のうち，これらの 3 件のデータを除外して近似直線と相関係数を算出した場合，どのようなものになると考えられるか。それぞれの説明として最も適当なものを，⓪〜⑤のうちから一つずつ選べ。 キ ， ク

近似直線の説明　キ

⓪ 近似直線は，「高校数と一校あたりの生徒数」「高校数と一校あたりの教員数」のどちらにおいても，傾きが小さくなる。

① 近似直線は，「高校数と一校あたりの生徒数」のみ，傾きが小さくなる。

② 近似直線は，「高校数と一校あたりの教員数」のみ，傾きが小さくなる。

③ 近似直線は，「高校数と一校あたりの生徒数」「高校数と一校あたりの教員数」のどちらにおいても，傾きが大きくなる。

④ 近似直線は，「高校数と一校あたりの生徒数」のみ，傾きが大きくなる。

⑤ 近似直線は，「高校数と一校あたりの教員数」のみ，傾きが大きくなる。

相関係数の説明　ク

⓪ 相関係数は，「高校数と一校あたりの生徒数」「高校数と一校あたりの教員数」のどちらにおいても，小さくなる。

① 相関係数は，「高校数と一校あたりの生徒数」のみ，小さくなる。

② 相関係数は，「高校数と一校あたりの教員数」のみ，小さくなる。

③ 相関係数は，「高校数と一校あたりの生徒数」「高校数と一校あたりの教員数」のどちらにおいても，大きくなる。

④ 相関係数は，「高校数と一校あたりの生徒数」のみ，大きくなる。

⑤ 相関係数は，「高校数と一校あたりの教員数」のみ，大きくなる。

MEMO

MEMO

MEMO

MEMO

MEMO

MEMO

河合出版ホームページ
https://www.kawai-publishing.jp
E-mail
kp@kawaijuku.jp

表紙イラスト　阿部伸二（カレラ）
表紙デザイン　岡本 健＋

2025共通テスト総合問題集
情報 I

発　行	2024年6月10日
編　者	河合塾
発行者	宮本正生

発行所　株式会社　河合出版
　［東　京］〒160-0023
　　　　　　東京都新宿区西新宿 7－15－2
　［名古屋］〒461-0004
　　　　　　名古屋市東区葵 3－24－2

印刷所　名鉄局印刷株式会社

製本所　望月製本所

・乱丁本，落丁本はお取り替えいたします。
・編集上のご質問，お問い合わせは，編集部までお願いいたします。
（禁無断転載）
ISBN978-4-7772-2824-9

第　回　情報解答用紙・第1面

解答科目：情報 I

注意事項
1. 解答科目欄が無マークまたは複数マークの場合は、0点となります。
2. 問題番号 4 の解答欄は、この用紙の第2面にあります。
3. 訂正は、消しゴムできれいに消し、消しくずを残してはいけません。
4. 所定欄以外にはマークしたり、記入したりしてはいけません。

良い例： ●
悪い例： ◐ ⊗ ▨

氏名（フリガナ）、クラス、出席番号を記入しなさい。

フリガナ	
氏名	

クラス	
出席番号	番

1 解答欄 (ア〜ホ): 0 1 2 3 4 5 6 7 8 9 a b c d

2 解答欄 (ア〜ホ): 0 1 2 3 4 5 6 7 8 9 a b c d

3 解答欄 (ア〜ホ): 0 1 2 3 4 5 6 7 8 9 a b c d

第　回　情報　解答用紙・第2面

注意事項
問題番号 [1] [2] [3] の解答欄は、この用紙の第1面にあります。

第 回 情報解答用紙・第1面

解答科目: 情報 I

注意事項
1 解答科目欄が無マークまたは複数マークの場合は、0点となります。
2 問題番号 4 の解答欄は、この用紙の第2面にあります。
3 訂正は、消しゴムできれいに消し、消しくずを残してはいけません。
4 所定欄以外にはマークしたり、記入したりしてはいけません。

1	0 1 2 3 4 5 6 7 8 9 a b c d
ア	⓪①②③④⑤⑥⑦⑧⑨ⓐⓑⓒⓓ
イ	⓪①②③④⑤⑥⑦⑧⑨ⓐⓑⓒⓓ
ウ	⓪①②③④⑤⑥⑦⑧⑨ⓐⓑⓒⓓ
エ	⓪①②③④⑤⑥⑦⑧⑨ⓐⓑⓒⓓ
オ	⓪①②③④⑤⑥⑦⑧⑨ⓐⓑⓒⓓ
カ	⓪①②③④⑤⑥⑦⑧⑨ⓐⓑⓒⓓ
キ	⓪①②③④⑤⑥⑦⑧⑨ⓐⓑⓒⓓ
ク	⓪①②③④⑤⑥⑦⑧⑨ⓐⓑⓒⓓ
ケ	⓪①②③④⑤⑥⑦⑧⑨ⓐⓑⓒⓓ
コ	⓪①②③④⑤⑥⑦⑧⑨ⓐⓑⓒⓓ
サ	⓪①②③④⑤⑥⑦⑧⑨ⓐⓑⓒⓓ
シ	⓪①②③④⑤⑥⑦⑧⑨ⓐⓑⓒⓓ
ス	⓪①②③④⑤⑥⑦⑧⑨ⓐⓑⓒⓓ
セ	⓪①②③④⑤⑥⑦⑧⑨ⓐⓑⓒⓓ
ソ	⓪①②③④⑤⑥⑦⑧⑨ⓐⓑⓒⓓ
タ	⓪①②③④⑤⑥⑦⑧⑨ⓐⓑⓒⓓ
チ	⓪①②③④⑤⑥⑦⑧⑨ⓐⓑⓒⓓ
ツ	⓪①②③④⑤⑥⑦⑧⑨ⓐⓑⓒⓓ
テ	⓪①②③④⑤⑥⑦⑧⑨ⓐⓑⓒⓓ
ト	⓪①②③④⑤⑥⑦⑧⑨ⓐⓑⓒⓓ
ナ	⓪①②③④⑤⑥⑦⑧⑨ⓐⓑⓒⓓ
ニ	⓪①②③④⑤⑥⑦⑧⑨ⓐⓑⓒⓓ
ヌ	⓪①②③④⑤⑥⑦⑧⑨ⓐⓑⓒⓓ
ネ	⓪①②③④⑤⑥⑦⑧⑨ⓐⓑⓒⓓ
ノ	⓪①②③④⑤⑥⑦⑧⑨ⓐⓑⓒⓓ
ハ	⓪①②③④⑤⑥⑦⑧⑨ⓐⓑⓒⓓ
ヒ	⓪①②③④⑤⑥⑦⑧⑨ⓐⓑⓒⓓ
フ	⓪①②③④⑤⑥⑦⑧⑨ⓐⓑⓒⓓ
ヘ	⓪①②③④⑤⑥⑦⑧⑨ⓐⓑⓒⓓ
ホ	⓪①②③④⑤⑥⑦⑧⑨ⓐⓑⓒⓓ

2	0 1 2 3 4 5 6 7 8 9 a b c d
ア〜ホ	(same マーク欄)

3	0 1 2 3 4 5 6 7 8 9 a b c d
ア〜ホ	(same マーク欄)

良い例 / 悪い例

氏名（フリガナ）、クラス、出席番号を記入しなさい。

フリガナ
氏名
クラス
出席番号 番

第　回　情報　解答用紙・第 2 面

注意事項
問題番号 1 2 3 の解答欄は、この用紙の第 1 面にあります。

2025 共通テスト総合問題集

情報 I

河合塾 編

解答・解説編

第1回 解答・解説

設問別正答率

解答記号1	ア	イ	ウ	エ	オ	カ	キ	ク	ケ	コ	サ
配点	2	2	2	2	2	1	1	2	2	2	2
正答率(%)	80.8	59.1	34.6	45.8	97.2	81.0	72.3	38.1	30.6	77.2	46.9

解答記号2	ア-イ	ウ	エ	オ	カ-キ	ク	ケ	コ	サ	シ	ス
配点	3	3	2	2	3	2	2	1	1	2	2
正答率(%)	52.2	95.0	66.4	36.4	93.2	40.5	49.2	86.0	52.9	95.8	54.9

解答記号	セ	ソ	タ	チ	ツ	テ
配点	2	1	1	1	1	1
正答率(%)	47.2	30.3	41.6	38.2	68.6	46.6

解答記号3	ア	イ	ウ	エ	オ	カ	キ	ク
配点	4	4	3	3	4	2	3	2
正答率(%)	39.4	51.5	28.2	68.6	22.5	26.1	24.3	18.8

解答記号4	ア	イ	ウ	エ-オ	カ	キ	ク	ケ	コ	サ	シ
配点	2	2	2	2	2	2	2	2	3	3	3
正答率(%)	36.9	27.4	29.9	6.9	48.9	31.1	76.8	73.9	26.3	34.8	67.6

設問別成績一覧

設問	設問内容	配点	平均点	標準偏差
合計		100	50.0	13.4
1	情報社会の問題解決，情報デザイン	20	11.7	3.7
2	デジタル化，知的財産権	30	18.7	4.8
3	アルゴリズムとプログラミング	25	9.1	5.0
4	データの圧縮，ネットワーク	25	10.5	4.9

(100点満点)

問題番号	設問	解答番号	正解	配点	自己採点
第1問	問1	ア	③	2	
		イ	②	2	
		ウ	③	2	✕
	問2	エ	②	2	✕
		オ	②	2	
	問3	カ	①	1	
		キ	③	1	
		ク	⑥	2	
		ケ	6	2	
	問4	コ・サ	③・④	各2	−2
	第1問 自己採点小計			(20)	−6
第2問	A 問1	ア	6	3*	
		イ	4		
	問2	ウ	⓪	3	
	問3	エ	②	2	✕
	問4	オ	④	2	
	問5	カ・キ	①・②	3*	
		ク	⓪	2	✕
	B 問1	ケ	①	2	
		コ・サ	①・⑤	各1	
	問2	シ	②	2	
	問3	ス	⑤	2	
		セ	④	2	
		ソ	⓪	1	
		タ	④	1	✕
		チ・ツ・テ	⓪・①・⑤	各1	−2
	第2問 自己採点小計			(30)	−7

問題番号	設問	解答番号	正解	配点	自己採点
第3問	問1	ア	②	4	
	問2	イ	①	4	
	問3	ウ	②	3	✕
		エ	③	3	
	問4	オ	③	4	
	問5	カ	6	2	
		キ	②	3	
		ク	⓪	2	
	第3問 自己採点小計			(25)	−3
第4問	A 問1	ア	③	2	✕
	問2	イ	①	2	
		ウ	⑤	2	
		エ	3	2*	✕
		オ	8		
	問3	カ	③	2	
	問4	キ	②	2	✕
	B 問1	ク	④	2	
		ケ	④	2	
	問2	コ	⑤	3	✕
	問3	サ	②	3	
	問4	シ	⓪	3	
	第4問 自己採点小計			(25)	−9
	自己採点合計			(100)	75

(注)
1 *は，全部正解の場合のみ点を与える。
2 −(ハイフン)でつながれた正解は，順序を問わない。

第1問　小問集合

【出題のねらい】

問1では情報セキュリティの理解を問う問題を，問2では情報モラルの理解を問う問題を，問3ではコンピュータにおける負の数の表現方法を題材として，2の補数に関する基本的な理解を確認する問題を，問4ではプレゼンテーションに用いるスライドの相互評価を題材として，情報デザインの基本的な考え方を問う問題を，それぞれ出題した。

【設問別解説】

問1 a　ア　③が正解。

⓪　適当でない。ソーシャルエンジニアリングは，悪意ある他者による攻撃手法の一つであり，共同作業のための方法ではない。ソーシャルエンジニアリングを知らなくても，ユーザIDとパスワードを同僚と共有することは適当でない。

①　適当でない。キーロガーは，悪意ある他者がパスワードなどを盗み出すために使われるソフトウェアなどを指し，セキュリティ向上のために用いるものではない。キーロガーを知らなくても，ユーザIDやパスワードを他者が管理するサーバへ暗号化せずに送信することは適当でない。

②　適当でない。公開しているメールアドレスは誰でも入手可能な情報なため，アットマーク(@)より左側の部分をそのままパスワードにすることは適当でない。

③　適当。組織で配付されたパスワードは，配付までの過程で誰が閲覧しているかわからないため，配付後は早急に変更する必要がある。

b　イ　②が正解。

⓪　適当でない。USBメモリと同様に，microSDカードにもマルウェアをデータとして保存することが可能であるため，安全な記憶媒体とはいえない。

①　適当でない。ランサムウェアは，悪意ある他者が所有する鍵によりファイルを勝手に暗号化し，本来の所有者が復号できないようにするものであり，データを暗号化しておいても被害を防ぐことはできない。

②　適当。表計算ソフトや文書作成ソフトなどの特定のソフトウェア上で動作する，マクロ言語と呼ばれる種類のプログラミング言語によって記述されたウイルスをマクロウイルスといい，継続的に被害が発生している。

③　適当でない。コンピュータを再起動しても，ウイルスのデータが削除されるわけではないので，感染前の状態には戻らない。感染が疑われた場合は，そのコンピュータをネットワークから切り離してから適切な処置をとるようにする。

【整理】

ソーシャルエンジニアリング (social engineering)

情報通信技術を使わず，人の心理的な隙や行動のミスにつけ入りパスワードなどを入手すること。

キーロガー (keylogger)

コンピュータのキーボード操作を常時監視して記録するソフトウェア。

マルウェア (malware)

「malicious (悪意のある)」と「software」を組み合わせた造語。情報機器の利用者に被害を与えようという悪意をもって作成された不正なソフトウェアの総称。

ランサムウェア (ransomware)

「ransom (身代金)」と「software」を組み合わせた造語。コンピュータ内のファイルを勝手に暗号化するなどし，元に戻すこと (復号) と引き換えに金銭の支払いを要求するプログラム。

c　ウ　③が正解。

⓪　正しい。SSLやTLSはあくまでも通信時のデータを暗号化する技術であり，通信先が安全な相手であることや，正しい相手であること（真正性）は保証しない。通信先の真正性を確認するためには，電子証明書の記載を確認することが必要である。

①　正しい。SSLやTLSを使わない通信では，データは暗号化されていないので，通信経路において盗聴（パケットを盗み見ること）されたデータの内容を，第三者がそのまま見ることが可能である。

②　正しい。HTTP（Hypertext Transfer Protocol）による通信では，SSLやTLSといった暗号化技術は使われていない。

③　誤り。現代のインターネットでは，通信を暗号化しないHTTPではなく，通信を暗号化するHTTPS（Hypertext Transfer Protocol Secure）で通信が行われることが多い。通信を暗号化する際には，SSLの後継規格のTLSが用いられることが多い。

　　　　　　　　　　　　　　ア…③，イ…②，ウ…③

問2 a　エ　②が正解。

　インターネット上での配信は公衆送信に当たり，これを行う権利である公衆送信権は，著作権法で規定された著作者の権利の一つである。したがって，空欄 A には「公衆送信」が，空欄 B には「著作権」が入る。空欄 C は「正当防衛」（刑法第36条）か「緊急避難」（刑法第37条）だが，問題文中の「ある人物」は，侵害に対する防衛を行ったわけではないので，「緊急避難」が入る。

　⓪「プライバシー」権や①「パブリシティ」権は明文化された法律条文がない権利であるので，「個人情報保護」法や「不正競争防止」法で規定された権利ではない。③「開示請求」権は「情報公開」法で規定された権利であるが，「行政機関の長」に対して「当該行政機関の保有する行政文書の開示を請求する」権利（情報公開法第3条）であり，本問のようなテレビ番組の事例には当てはまらない。

b　オ　②が正解。

⓪　適当でない。不適切行為を目にしたときに，当該の人物の「氏名や住所を調べて人物を特定し公表すること」は「閲覧者の義務」ではない。なお，特定，公表を行う人は，「特定班」と呼ばれることがあり，このような特定行為はプライバシー権などの侵害に当たる可能性や，名誉毀損罪や侮辱罪に問われる可能性がある。無視する以外の適切な対応としては，「SNSの通報機能や問い合わせフォームを用いてSNSの管理者に通報す

【整理】
SSL/TLS（Secure Sockets Layer/Transport Layer Security）
　暗号化技術を活用して，データの暗号化，改ざんの検知，認証の機能を提供するプロトコル。

【整理】
公衆送信権
　著作権法第23条で規定された著作者の権利で，「著作物について，公衆送信（自動公衆送信の場合にあっては，送信可能化を含む。）を行う権利」である。「公衆送信」は，「公衆によって直接受信されることを目的として無線通信又は有線電気通信の送信（中略）を行うこと」（著作権法第2条）であり，インターネットや放送，有線放送などでの送信行為を指す。

る」「中傷された人物に報告し，警察や専門機関に相談するよう助言する」などが考えられる。

① 適当でない。「投稿後に一定時間が経過すると削除される」機能は，SnapchatやInstagramの「ストーリー」などで実装されており，「消えるSNS」「エフェメラルSNS」などと呼ばれる。このような機能により拡散性が低下するとされているが，実際には様々な手段で投稿を記録・保存することが可能であるため，投稿を保存した人物により拡散される可能性がある。

② 適当。誤情報の拡散に加担しないためには，知り合いから伝えられた情報でも，真偽が疑わしい場合は，むやみに拡散しないことが重要である。

③ 適当でない。同一人物がもつ，表向きのアカウントとは別に作成されたアカウントは「裏アカウント（裏アカ）」と呼ばれる。実際には，誰でも閲覧可能な公的なアカウントと親しい友人のみ閲覧可能な私的なアカウント，学校用のアカウントと趣味用のアカウント，高校の友人用のアカウントと大学の友人用のアカウントなど，様々な使い分けがなされることがしばしば見受けられる。情報の発信対象を絞り適切な情報発信を行うために使い分けを行うことは有用であるが，裏アカウントにおいても犯罪に当たる行為があれば処罰の対象となる。

エ…②，オ…②

問3　カ　①が正解。

$0 \times 2^2 + 0 \times 2^1 + 1 \times 2^0 = 1$ より，1の3ビット（3桁）の二進法表記は001である。

キ　③が正解。

$0 \times 2^2 + 1 \times 2^1 + 1 \times 2^0 = 3$ より，3の3ビットの二進法表記は011である。

ク　⑥が正解。

下から3ビットの部分について「ク$_{(2)}$ + 011$_{(2)}$ = 001$_{(2)}$」が成り立つようにするためには，クを110とすればよい。「110$_{(2)}$ + 011$_{(2)}$ = 1001$_{(2)}$」であるので，下から3ビットは「001」となる（ここで，数値の後の「$_{(2)}$」はその数値が二進法表記であることを表す）。

なお，本問では「結果で最上位となる4ビット目を無視」して考えているが，実際のコンピュータで3ビットの範囲で計算する場合には，4ビット目への桁上がりは，桁あふれとして自動的に無視される。そのため，補数による計算をする上で便利になっている。

ケ　6が正解。

110$_{(2)}$を通常の二進法表記とみなした場合，$1 \times 2^2 + 1 \times 2^1 + 0 \times 2^0 = 6$ より，十進法表記の6に対応する。

2の補数は，コンピュータ上で負の数を表現するための方法の一つである。二進法で3ビットの数 n に対する2の補数は，2^3-n となる。元の数 n と，n の2の補数 2^3-n を足すと 2^3 となるので，二進法で3ビットの数に対する2の補数は「その数と元の数の和が 2^3 になる数」である。つまり，二進法表記で考えると，ある数とその数の補数を加えると，桁が1つ繰り上がり，最上位以外は0となる。そのため，ある数の2の補数は，「元の数の二進法表記のビットを反転（0を1に，1を0にする）した上で1を加える」という操作で求められる。例えば，3に対する2の補数は，3の二進法表記011の各ビットを反転して100とし，1(＝001)を加えて求めることができ，101となる。他の数についても，二進法で3ビットの数に対する2の補数を求めると，次の表のようになる。

二進法 表記の数	補数を考慮しない場合 の十進法表記の数	補数を考慮する場合 の十進法表記の数
000	0	0
001	1	1
010	2	2
011	3	3
100	4	−4
101	5	−3
110	6	−2
111	7	−1

【整理】
補数
　一般に，p 進法で k 桁の数 n に対する p の補数は p^k-n と定義される。コンピュータでは二進法を用いるものが一般的であることから，「2の補数」がよく使われる。

【整理】
　決まった桁数の二進法で，2の補数により正負の整数を表現するとき，最上位の桁が0の場合は正の数に，1の場合は負の数になる。

　カ…①，キ…③，ク…⑥，ケ…6

問4　コ・サ　③と④が正解。
⓪　適当。Bさんのスライドでは，見出しに当たる文字の囲みとして，星型（☆）・楕円（◯）・長方形（▭）の3種類の図形を用いている。このスライドの構造は，星型（☆）で囲まれた「情報のデザインとは何かを考えよう」の下位項目として，楕円（◯）で囲まれた「個性的な書体を避けよう」と，長方形（▭）で囲まれた「ノイズを減らそう」が並列されている。並列の関係にある内容が異なる図形で囲まれているので，この指摘は適当である。
①　適当。2つの下位項目は同じ横位置から開始した方が，両者が並列の関係にあることが伝わりやすい。Bさんのスライドでは中央揃えを使っているために，「◯個性的な〜」と「◯ノイズを〜」の開始位置がずれてしまっているので，この指摘は適当である。
②　適当。Bさんのスライドでは見出しに当たる3つの項目に斜体が使われているが，本来の斜体は，アルファベットに対して

用いるイタリック体という独自の字体である。日本語の文字には斜体の概念がないため，斜体を用いると読みづらくなることがある。さらに，見出しの文字に影がつけられているが，見出しの文字と重なって読みづらくなっているので，この指摘は適当である。

③ 適当でない。発表時の所作や姿勢に関する内容であり，「Ｂさんのスライドにおけるデザインの問題点」ではないので，この指摘は適当でない。

④ 適当でない。文字のサイズに関する指摘だが，Ｂさんのスライドについても，見出しより本文の文字サイズを小さくしている。Ｂさんのスライドでも構造化が意識されているので，Ｂさんのスライドに対する指摘としては適当でない。

⑤ 適当。Ｂさんのスライドでは，多くの文字が明朝体で書かれている。明朝体の文字は，スクリーンに投影する際に横棒が細くつぶれたようになって見えづらくなることが多く，スライドでの利用は推奨されない。広い会場で多様な聴衆が見ることが想定されるスライドでは，スクリーン用の書体や，ユニバーサルデザインを意識して設計された書体を用いることが推奨されるので，この指摘は適当である。

コ・サ…③，④（順不同）

第2問A　コミュニケーションと情報デザイン

【出題のねらい】
　点字を題材として，符号化の仕組みについての理解度を確認し，点字における符号化の特徴について考察する力を問う問題を出題した。

【設問別解説】
問1　ア イ　64 が正解。
　点字は，1マスの6つの位置のそれぞれについて，点がある（突起がある）状態と，点がない（突起がない）状態の2通りがあり，それらを組み合わせて，それぞれの文字を表す。6ビットの情報を表すことができるため，そのパターンは，$2^6=64$ 通りとなる。ただし，実際の点字では，これらのすべてを用いるわけではない。この点については，問5で考える。

ア…6，イ…4

問2　ウ　⓪が正解。
　表1，表2に示された点字の規則に基づいて，図1の表示板の点字を解読する。最初のマス目は❶と❻に突起があり，表1より，❶は母音の「あ」に対応し，表2より，❻は子音の「か行」に対応することがわかる。「か行」のうち，母音が「あ」であるのは「か」なので，最初のマス目は「か」となる。同じように2番

【参考】
点字における濁音，半濁音などの表記
　点字では，濁音，半濁音を2マスで表記する。1マス目で，濁音なら❺を，半濁音なら❻を「点がある（突起がある）」状態にすることで，2マス目の文字を濁らせる。拗音（きゃ，きゅ，きょなど）も同じく2マスで表記する。

目のマス目を解読すると，「い」となる。残りの点字も同様に解読すると，⓪「かいさつ」となる。

　　　　　　　　　　　　　　　　　　　　ウ …⓪

問3　エ　②が正解。

　点字は，専用の器具で物理的に突起を生じさせた面を，指で触って読み取るものであるが，二進法を用いて文字を表すという点に着目すると，文字を文字コードに変換してコンピュータで扱う，記号処理の仕組みになぞらえることができる。この点を会話文から読み取る。

　下線部(a)は，点字のパターンの規則に従って五十音を点字に変換するので，符号化に対応する。また下線部(b)は，点字を文字に戻すので，復号に対応する。

　標本化は，アナログデータの一定の区間において，区間内の特定の点を代表点とすること，量子化は，標本点に対応する値を量子化ビット数で規定されたビット数で近似的に表現することを指す。

　　　　　　　　　　　　　　　　　　　　エ …②

問4　オ　④が正解。

　A　正しい。同じ文字であっても，体系ごとに割り当てられる文字コードは異なる。
　B　正しい。「スペース」は記号の一つであり，文字コードが割り当てられている。
　C　誤り。「フォント」は同じ書体でデザインされた文字の集合であり，フォントの変更はデザインの変更である。
　D　誤り。「絵文字」は記号の一種と位置づけられ，文字コードが割り当てられている。

　　　　　　　　　　　　　　　　　　　　オ …④

問5　カ・キ　①と②が正解。

　点字の復号は指で触った結果を解釈することによってなされるので，ゆうさんが提案した母音のパターン（表3）では，縦に同じ距離で並んだ突起の位置が異なるだけの「い」と「う」が混同されやすいと考えられる。

　ク　⓪が正解。
　⓪　適当。母音に割り当てられた突起の位置は3つあるため，理論上は，1つの突起のみのパターンが3通りあるが，マス目のどの位置に打たれた突起なのかを区別するのが困難であるため，「あ」だけに用いられている。
　①　適当でない。母音ではなく，点字そのものの仕組みの説明である。
　②　適当でない。3つの位置での突起の有無のパターンは7通り（まったく突起がないパターンを除く）あり，そのうちの5通りを使用している。

【整理】
符号化（エンコード）
　一定の規則に従ってデータを変換すること。
復号（デコード）
　変換されたデータを元に戻すこと。

【参考】
特殊文字の文字コードの例（16進法）

	℃	〒	㌦
Shift-JIS	818E	81A7	8767
EUC-JP	A1EE	A2A9	ADC8
UTF-16	2103	3012	3351

③ 適当でない。「え」の説明としては正しいが，なぜ読み取りにくさが回避されるのかについて何も述べていない。

$\boxed{カ・キ}$…①，②（順不同），$\boxed{ク}$…⓪

第2問B　情報に関する法や制度

【出題のねらい】

情報社会において重要な個人情報の保護に関する理解度を確認するとともに，文化祭のポスター制作という日常的な場面を題材に，著作物の利用条件について考察する力を問う問題を出題した。

【設問別解説】

問1　$\boxed{ケ}$　①が正解。

基本四情報は氏名，生年月日，住所，性別の4つである。基本四情報は，各自治体が作成する住民基本台帳に記載され，本人確認に用いられる基本的な個人情報である。

⓪「本籍地」，②「職業」，③「電話番号」，④「顔写真」も，単体もしくは組み合わせることで個人を識別できる情報だが，基本四情報には含まれない。

$\boxed{コ・サ}$　①と⑤が正解。

個人識別符号には，社会保険の保険者番号やパスポート番号など，利用者に割り振られた符号と，顔認証データ，静脈や虹彩などの様態のデータなど，身体の一部の特徴をデジタル化した符号の2つの系列がある。個人番号（いわゆるマイナンバー）は，日本国内に住民票があるすべての住民に割り振られた12桁の番号で，個人識別符号の一つである。指紋データは，一人ひとり異なる指紋の特徴をデータ化したもので，スマートフォンなどの認証などに広く用いられている。これも個人識別符号である。

⓪「クレジットカード番号」は，発行する会社によって運用が異なり，個人を識別できるとは限らない。

② 「パスワード」は利用者が自由に変更できる。

③ 「血液型」では個人を識別できない。

④ 「病歴」は要配慮個人情報に当たるが，単体で個人を識別することはできない。

$\boxed{ケ}$…①，$\boxed{コ・サ}$…①，⑤（順不同）

問2　$\boxed{シ}$　②が正解。

⓪ 適当。ウイルス対策ソフトの利用は，パソコンをマルウェアから守り，個人情報の流出を防ぐことに役立つ。

① 適当。この対応が個人情報の流出防止につながることはもちろんだが，本人の同意を得ずに他人の個人情報を勝手に提供する行為は，プライバシーの侵害につながる可能性が高い。

② 適当でない。クラウドサービスは，運用方法などによりセキュリティが脆弱になることもあるため，個人情報を保管する

【整理】
個人識別符号

文字，番号，記号その他の符号で，その情報単体から特定の個人を識別できるもの。政令・規則で定められる。個人識別符号は，個人情報保護法で個人情報と定められている。

場合は注意が必要である。だが，不特定多数の目に触れるおそれのある掲示板に名簿を貼り出すと，情報流出のリスクがさらに高まるため，不適切な行動である。個人情報の流出は，プライバシーの侵害につながり，また，詐欺などの被害にあうリスクも高める。よって，組織レベルではもちろん，個人レベルでも個人情報の流出を防ぐセキュリティ対策が求められる。

③ 適当。パスコードや生体認証を用いて，第三者がスマートフォンの画面を開けないようにする画面ロックは，スマートフォンを利用するうえでの基本的なセキュリティ対策である。

シ …②

問3 ス ⑤が正解。

会話文中の先生の発言より，ス には「発明を保護」する権利が入る。発明は特許法で，「自然法則を利用した技術的思想の創作のうち高度のもの」と定義されている。特許法では発明を保護するために特許権を定めている。

なお，①「実用新案権」は，発明ほど高度ではない考案（アイデア）を対象とし，③「商標権」は，商品のロゴなどの商標を対象とする。

セ ④が正解。

会話文中の先生の発言より，セ には「写真を撮った人」に発生する権利が入るが，これが著作権である。著作権は，著作物が創作されたときに，自動的に発生する。

なお，⓪「著作者人格権」は，著作者の人格的利益を保護する権利であり，②「肖像権」は，写真を撮られた人の側に発生する権利（写真などを無断で撮影されたり，撮影されたものを無断で利用されたりすることを拒む権利）である。

ソ ⓪が正解。

著作物について，著作権の保護期間が過ぎているか，著作権が放棄されている状態はパブリックドメイン（Public Domain）と呼ばれ，問題文中に示したマークが表示されていることが多い。パブリックドメインの著作物に対する著作権や著作隣接権は消滅しているか放棄されているが，譲渡できない権利である著作者人格権は存続するので，その利用は著作者人格権を侵害しない範囲に限られる。なお，著作者人格権は著作者の死亡とともに消滅するが，著作権法には，著作者の死後も著作者の人格的利益を保護する規定がある。

タ ④が正解。

権利を保持する場合の表示には，コピーライト（Copyright）の頭文字をとったⒸが用いられることが多い。

チ〜テ ⓪，①，⑤が正解。

ここには，利用条件を順守すれば，改変や再配付などを認める意思を表示する仕組みである，クリエイティブ・コモンズ・ライ

センス（Creative Commons License）のマークが入る。

まず，Creative Commons であることを示すのは⑤。著作者の氏名などの表示を求めるという条件を示すのは⓪BY(Attribution)，営利目的での利用を認めないという条件を示すのは①NC(NonCommercial)。

よって，ここでのマークの組合せは⓪，①，⑤であり，次の図のように示される。

なお，②ND(NoDerivatives)は作品の改変を禁止するという条件を，③SA(ShareAlike)はオリジナルのCCライセンスを継承するという条件を，それぞれ表す。

　ス　…⑤，　セ　…④，　ソ　…⓪，　タ　…④
　チ　～　テ　…⓪，①，⑤（順不同）

第3問　アルゴリズムとプログラミング
【出題のねらい】
　身近な題材である席決めをテーマに，アルゴリズムや制御構造，ユーザ定義関数，配列についての理解を確認する問題を出題した。
【設問別解説】
問1　　ア　　②が正解。
　⓪　適当でない。**7 * 整数(乱数( ) + 1)** は7の倍数に限られる。
　①　適当でない。**7 * 整数(乱数( )) + 1** は7で割った余りが1である数に限られる。
　②　適当。**7 * 乱数( )** は0以上7未満のランダムな小数を戻り値（返り値）とするので，**整数(7 * 乱数( ))** は0以上6以下のランダムな整数を戻り値とする。したがって，**整数(7 * 乱数( )) + 1** は1以上7以下のランダムな整数を戻り値とする。
　③　適当でない。**乱数( ) + 1** が1以上2未満のランダムな小数を戻り値とし，**7 * (乱数( ) + 1)** が7以上14未満のランダムな小数を戻り値とするため，**整数(7 * (乱数( ) + 1))** は7以上13以下のランダムな整数を戻り値とする。

　　　　　　　　　　　　　　　　　　　　　　　ア　…②

問2　プログラム(ⅰ)，(ⅲ)を続けると次となる。

【解法のポイント】
　戻り値となる **x** が1以上7以下のランダムな整数となるように考える。用いられる関数とその戻り値は次のとおりである。
乱数( )
　0以上1未満の数値が同じ確率で出現する一様乱数を戻り値とする。
整数(y)
　0以上の数 **y** を引数として **y** の整数部分を戻り値とする。

```
(1)  Seito = ["アカリ", "ダイキ", "エミ", "ヒロキ",
              "ナナ", "ミサキ", "シュン"]
(2)  Seki = ["空席", "空席", "空席", "空席",
             "空席", "空席", "空席"]
(3)  i を 1 から 7 まで 1 ずつ増やしながら繰り返す:
(4)  │  number = ランダム整数()
(5)  └  Seki[i] = Seito[number]
```

イ ①が正解。
⓪ 考えられない。Seki の要素の並びが毎回同じであることは「ランダム整数()」の戻り値の組が毎回同じであることを意味し, これは「ランダム整数()」の定義に反する。
① 考えられる。例えば, i が 1 から 7 まで変化する際, 「ランダム整数()」により number の値が順に 3, 1, 4, 3, 7, 5, 7 になったとすると, (5)行目により配列 Seki は,
[Seito[3], Seito[1], Seito[4], Seito[3], Seito[7], Seito[5], Seito[7]]
すなわち,
["エミ", "アカリ", "ヒロキ", "エミ", "シュン", "ナナ", "シュン"]
となり, 複数の要素に同じ名前が入る。
②, ③ 考えられない。i が 1 から 7 まで変化する際, (5)行目により Seki[i] には必ず 1 つの名前が代入されるため, "空席" が残ることや, 複数の名前が連結されて代入されることは起こらない。

イ …①

問3 まず, エ を考えるとよい。
エ ③が正解。
問題文に「Seito 内でその名前を "席決定" に変えておく」とあるが, プログラム(iv)において Seito の要素に代入を行うコードは (8)行目だけであるから, (8)行目において "席決定" が代入されるとわかる。⓪, ①, ②はこれに反するため適当でない。
よって, プログラム(i), (iv)を続けたものは次である。

【解法のポイント】
プログラムを実行した結果, 起こりうることのうち, 次の【規則】を満たさないものを考える。
【規則】
実行するたびに各自の座席が定まり, その結果がランダムである。

【解法のポイント】
まずは, 問題文にある処理がプログラム中にあるか, それがどの行かを考えるとよい。

```
(1)  Seito = ["アカリ", "ダイキ", "エミ", "ヒロキ",
              "ナナ", "ミサキ", "シュン"]
(2)  Seki = ["空席", "空席", "空席", "空席",
             "空席", "空席", "空席"]
(3)  iを1から7まで1ずつ増やしながら繰り返す：
(4)  │  number = ランダム整数()
(5)  │  Seito[number] == "席決定" の間繰り返す：
(6)  │  └ number = ウ
(7)  │  Seki[i] = Seito[number]
(8)  └  Seito[number] = "席決定"
```

ウ ②が正解。
　このプログラムではiの値が2以上のとき，(5)行目の条件を満たさないSeito[number]が見つかるまで，必要であれば(6)行目でnumberの値を「ランダム整数()」により再設定するものと考えられる。⓪，①，③については，ウに代入して実行すると無限ループやエラーが起こりうる。⓪の場合，例えばiの値が2のとき，プログラム(iv)の(4)，(5)，(6)行目は，

```
(4)  number = ランダム整数()
(5)  Seito[number] == "席決定" の間繰り返す：
(6)  └ number = 2
```

となる。仮にiの値が1のときにSeito[2]に"席決定"が代入されたとすると，(6)行目が永久に繰り返されうるため【規則】に反する。さらに，①，③の場合，numberに8が代入される可能性がある。その際Seito[8]は定義されておらず，プログラムがこれを参照するとエラーとなるため【規則】に反する。

ウ…②，エ…③

問4 オ ③が正解。
　各回のシミュレーションにおいて，iの値が1のときはSeitoの要素に"席決定"は存在しないため(6)行目は実行されない。iの値が2以上のときにはSeitoの要素には"席決定"とそうでないものが存在し，(5)行目の条件が満たされる限り(6)行目が繰り返される。その回数は(4)，(6)行目の「ランダム整数()」の戻り値によって決まるため，各回のシミュレーションにおいて(6)行目が実行される回数は異なりうる。
　iの値が1のとき，(6)行目が実行される回数は必ず0回なので，②は誤った記述である。また，iの値が増えるのに伴い，Seitoの要素に占める"席決定"の割合が大きくなり，(6)行目が実行される回数の平均は増えると考えられる。しかし，(6)行

目が実際に実行される回数を決めるのは(4)，(6)行目の「ランダム整数()」の戻り値であるから，iの値を1増やした際に，その回数は増えることも減ることもある。したがって，⓪，①は誤った記述である。

オ…③

問5　カ　⑥が正解。

問題文中の【アルゴリズムの説明】より，プログラム(v)においてiの値それぞれに対して行われる処理は，次の手順であると推察される。

手順1：numberの値を「ランダム整数改(mitei)」により定める((5)行目)

手順2：Seito[j]のjを0から1ずつ増やしていくときに，Seito[j]が"席決定"でないときに限り1増える変数をcountとし，countがnumberの値に一致した際のjの値を用いて，Seki[i]にSeito[j]の値を代入する。さらに，Seito[j]に"席決定"（エ）を代入する((6)～(12)行目)

手順3：miteiの値を1だけ減らす((13)行目)

手順2により，本問の例におけるSeitoに対してnumberの値が4になった際のjとcountの変化は次の表のようになる。countがnumberの値4に一致したときのjの値を答えればよい。

【解法のポイント】
miteiはSeitoの要素のうち"席決定"でないものの個数である。手順2によりSeitoの要素のうち"席決定"が1増えたとき，miteiは1減らなくてはならない。

Seito[j]	—	"席決定"	"ダイキ"	"エミ"	"席決定"	"ナナ"	"ミサキ"	"シュン"
j	0	1	2	3	4	5	6	
count	0	0	1	2	2	3	4	

キ　②が正解。

手順2が実行されるためには，(7)行目の条件はcountがnumberより小さいときには満たされ，countがnumberに一致したときには満たされないものである。⓪，①，③，④はこれに反するため適当でない。

ク　⓪が正解。

プログラム(v)の(12)行目までに手順3は実行されておらず，(13)行目において実行されるとわかる。①，②，③，④は手順3に該当しない。

カ…⑥，キ…②，ク…⓪

第4問A　情報のデジタル化，ランレングス圧縮
【出題のねらい】

基本的な圧縮技術であるランレングス圧縮を題材として，符号化についての理解度を確認するとともに，与えられた情報をもとに考

察する力を問う問題を出題した。

【設問別解説】

問1 ア ③が正解。

⓪ 適当でない。文字のみのデータを圧縮する場合，可逆圧縮が最適である。

① 適当でない。JPEG は，圧縮時に取り除いた情報を元に戻すことができないので非可逆圧縮であるが，PNG は可逆圧縮である。

② 適当でない。MP3 は非可逆圧縮であり，人間に聞こえにくい音を削減するなどの方法で音声を圧縮しているので，圧縮によりデータ量を減らすと音質は低下する。

③ 適当。動画は1秒間当たり30枚や60枚といった静止画像を切り替えて表示しており，ファイルサイズが巨大になるので，圧縮の効果が大きい非可逆圧縮を行うのが一般的である。

ア…③

問2 イ ①が正解。

問題文からわかるように，色の表現に必要なデータ量は2ビットである。また，繰り返しの回数は最大で9回（1行目の1列から2行目の1列まで）で，$9 = 1001_{(2)}$ であるから，これを表すために4ビット必要である。

したがって，同じ色が続く区間では，圧縮後の1区間当たりのデータ量は $2 + 4 = 6$ ビットとなる。

ウ ⑤が正解。

色が切り替わるごとに，データ量は6ビットずつ増加する。4行目では，色が7回切り替わっているので，そのデータ量は，

はじめの区間のデータ量6（ビット）
＋6（ビット）× 切り替わり回数
＝ $6 + 6 \times 7 = 48$ ビット

となる。なお，「6ビット×同色の区間の数」としても同じ結果が得られる。

エオ 38 が正解。

無圧縮の場合，1画素当たり色を表現するために2ビットを要する。指定された範囲は16画素なので，必要なデータ量は，$2 \times 16 = 32$ ビットになる。圧縮した場合，色の切り替わりは1回なので，圧縮後のデータ量は，$6 + 6 \times 1 = 12$ ビットになる。したがって，圧縮率は次のようになる。

$$\frac{12}{32} \times 100 = 37.5 \fallingdotseq 38 \%$$

イ…①，ウ…⑤，エ…3，オ…8

問3 カ ③が正解。

色が切り替わるごとに6ビット必要であることを考えると，回転前は切り替わりが18回であるのに対して，右または左に90度

【整理】

写真などの画像や音声，動画は可逆圧縮ではあまりデータ量を減らせないケースが多いため，非可逆圧縮を使うことが多い。

画像や音声の非可逆圧縮では，人間が認識しにくい情報を除くことでデータ量を大きく減らすことを可能にしている。そのため，圧縮すると画質や音質は低下する。

【解法のポイント】

色の切り替わりごとに6ビット必要になることに着目すれば，回転後の圧縮率を計算しなくても解答できる。回転後の図形を以下に示す。

右へ90度回転　　左へ90度回転

180度回転

回転させると切り替わりが20回になることから，⓪「右に90度回転させると，圧縮率の値が小さくなる」は誤った記述である。

一方，③「左に90度回転させたときと，右に90度回転させたときの圧縮率の値は同じである」は正しい記述である。180度回転させた場合，切り替わりは18回で回転前と変わらないので，①「180度回転させると，圧縮率の値が大きくなる」，②「180度回転させると，圧縮率の値が小さくなる」はいずれも誤った記述である。

カ …③

問4　キ　②が正解。

色の数が増えても画素数の64は変化しないため，色の表現に必要なデータ量をxビットとし，単色の画像（64画素がすべて同じ色で，色の切り替わりがない）の圧縮率を計算式で表現すると，繰り返しの回数は $64=1000000_{(2)}$ で7ビットになるから，

$$圧縮率 = \frac{x+7}{x \times 64} \times 100 = \left(\frac{1}{64} + \frac{7}{64x}\right) \times 100$$

となる。

この計算式から，xが増加するごとに圧縮率の値は低くなることがわかる。また，xは色の数が 2^n ($n=1, 2, 3\cdots$) になるごとに増加するが，$2^{n-1}<$ 色の数 $\leq 2^n$ ではxの値は一定である。

この2点を満たすのは②である。⓪，④，⑤は両者を満たさず，①は後者を満たさず，③は前者を満たさない。

なお，隣り合う点を結ばずに示したグラフを次に示す（色の数は34まで表示）。

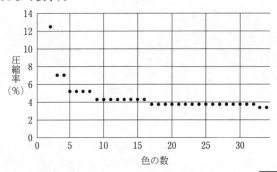

キ …②

【解法のポイント】
色の数とデータ量の関係を具体的に考えると，2色では1ビット，3，4色では2ビット，5色～8色では3ビット，9色～16色では4ビットと，色の数が 2^n ($n=1, 2, 3\cdots$) になるごとにビット数が増加する。

第4問B　情報通信ネットワーク

【出題のねらい】

ネットワークのトラブルを題材に，ネットワークの構成や仕組みに関する理解度を確認するとともに，トラブルの解決について考察する力を問う問題を出題した。

【設問別解説】

問1　ク・ケ　いずれも④が正解。

状況は次の図のようにまとめられる。図中の太い実線は通信が

【解法のポイント】
ネットワークのトラブル箇所を推測する設問では，ネットワークへの接続が可能なケースと，可能でないケースに着目して，トラブル箇所を絞り込んでいくとよい。

可能な経路，破線は通信の障害となっている部分（ケーブルや機器）を含む経路である。

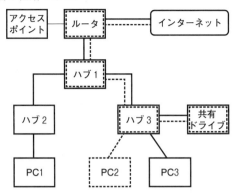

太い実線のみの部分，または，太い実線と破線の両方が描かれている部分は，通信が可能な区間であるから，障害の原因として考えられる可能性は，

(1) PC2 の不良
(2) PC2 とハブ 3 を接続するケーブルの不良
(3) PC2 の接続に使用しているハブ 3 のポートの不良

である。**ク**の解答群のうち，これらの原因を特定するための操作として考えられるのは，③または④である。操作の結果，PC2 から**インターネット**と**共有ドライブ**への接続が可能になり，PC3 からの接続が不可能になったので，④を行ったとわかり，同時に，**ケ**の解答も④に決まる。

ク…④，**ケ**…④

問2 **コ** ⑤が正解。

通信速度を示した表1のデータから，次のような図が描ける。

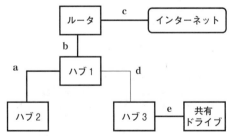

PC1 から**インターネット**への通信速度は大きいので，ハブ2 － a －ハブ1 － b －ルータ－ c の通信速度は大きいと考えられる（太い実線で示す）。また，PC2(PC3) から**共有ドライブ**への通信速度は大きいので，ハブ3 － e の通信速度も大きいと考えられる。

一方，PC1 から**共有ドライブ**への通信速度は小さいので，ハブ2 － a －ハブ1 － d －ハブ3 － e は通信速度の小さい区間を含む。上記より，ハブ1，ハブ2，ハブ3，a，e の通信速度が大きいことはわかっているので，通信速度が小さいものは d であり，

これに相当するのは⑤「ハブ1とハブ3を接続するLANケーブル」である。

コ…⑤

問3 サ ②が正解。
⓪ 適当でない。**無線LANアクセスポイント**には，無線LANに対応した複数の機器を無線で接続できる。
① 適当でない。コンピュータ部のLANから**インターネット**への接続は，すべて**ルータ**を通して行われるので，**無線LANアクセスポイント**と**ルータ**間のLANケーブルを取り外すと，**無線LANアクセスポイント**に接続されたノートPCは**インターネット**に接続できなくなる。
② 適当。**無線LANアクセスポイント**はハブ1を経由して**ルータ**に接続されるので，ノートPCは**インターネット**に接続できる。
③ 適当でない。ノートPC→**無線LANアクセスポイント**→**ルータ**→ハブ1→ハブ3→**共有ドライブ**という経路で接続できる。

サ…②

問4 シ ⓪が正解。
下線部(a) 正しい。インターネット上のクラウドサービスは，インターネットに接続可能な環境ならどこでも利用できる。
下線部(b) 正しい。特定のデータを共有データとして設定していれば，許可された他のユーザもそのデータを利用でき，共同作業が容易になる。
下線部(c) 誤り。特定のデータを共有するのに，Bさんが他の人のアカウントにログインする必要はない。データを利用できるユーザ（ここではAさんとCさん）のIDを共有データに設定すればよい。
下線部(d) 誤り。無料のクラウドサービス，有料のクラウドサービスともに，保存容量には制限があることがほとんどである。

シ…⓪

【整理】
クラウドサービス
　データやアプリケーションなどをネットワークを介して共同で利用できるサービス。データを他のユーザと共有する際には，共有するデータと共有を許可する相手を設定する必要がある。

● CCライセンスマークの出典
　第2問　問題・解答解説
　　クリエイティブ・コモンズ・ジャパン　ウェブサイト
　　（https://creativecommons.jp/licenses/）(CC BY 4.0)

第2回 解答・解説

(100点満点)

問題番号	設問	解答番号	正解	配点	自己採点
第1問	問1	ア	①	3	
	問2	イ	③	3	
	問3	ウ	④	4	
	問4	エ	③	3	
		オ	①	3	
	問5	カ	⓪	4	
	第1問 自己採点小計			(20)	
第2問	A 問1	ア	④	2	
		イ	⓪	2	
		ウ	②	2	
	問2	エ	②	1	
		オ	⓪	2	
		カ	③	2	
	問3	キ	①	2	
		ク	⓪	2	
	B 問1	ケ	①	2	
		コ	③	2	
		サ	⓪	3	
	問2	シ	②	2	
		ス	①	2	
		セ	⓪	2	
		ソ	①	2	
	第2問 自己採点小計			(30)	

問題番号	設問	解答番号	正解	配点	自己採点
第3問	問1	ア	②	3	
	問2	イ	⑤	2	
		ウ	⑥	2	
		エ	②	2	
		オ	③	2	
		カ	⑤	2	
	問3	キ	⑨	2	
		ク	⑧	2	
		ケ	⑤	2	
		コ	⑦	2	
		サ	①	2	
		シ	②	2	
	第3問 自己採点小計			(25)	
第4問	問1	ア	②	3	
		イ	③	3	
	問2	ウ	①	3	
	問3	エ	③	3	
	問4	オ	③	3	
	問5	カ	①	2	
	問6	キ	②	2	
	問7	ク	⓪	2	
		ケ	②	2	
		コ	③	2	
	第4問 自己採点小計			(25)	
	自己採点合計			(100)	

第2回

第1問　各単元の小問文章題

【出題のねらい】
　問1は第1章の情報の特性についての知識問題，問2・3は情報モラルとメディアとコミュニケーションからエコーチェンバーとフィルターバブルという近年起きている問題について，文章を読んで問題点と対策方法を思考していく問題，問4はグラフから情報モラルの日本の状況を読み解けるかといった思考問題，問5は一連の文章を読んで問題解決するにはどのようにしていくとよいかを考える思考問題となっている。

【設問別解説】
問1　[ア]　⓪が正解。
　(a)は「小学生の頃にSNSにあげた動画を今も見ることができる」というところから残存性の特性と分かる。
　(b)は「画面録画で保存も簡単」というところから複製性の特性と分かる。
　(c)は「どんどん拡散する」というところから伝播性の特性と分かる。
　このことから⓪残存性：(a)　伝播性：(c)　複製性：(b)が答えとなる。

問2　[イ]　③が正解。
　⓪，①，②はフィルターバブルの説明である。③はエコーチェンバーの問題点の説明である。
　フィルターバブルとは特定の情報に偏った，見えない世界に浸ってしまっているような状態を指すのに対し，エコーチェンバーとは似た価値観の人とばかりコミュニケーションをとり，自分たちの意見や考えが増幅されていくような現象を指す。時として同意見の増幅には攻撃性を見せたり，間違った情報の拡散にもつながったりする。
　フィルターバブルとエコーチェンバーの違いは，フィルターバブルは検索エンジン上などで起きやすく，一方のエコーチェンバーは，主にSNS上で起きる現象を指す。
　また，どちらも批判的な情報は排除し，友好的な情報を受け入れるというところは同じである。

問3　[ウ]　④が正解。
　A　複数の情報源を利用することは，フィルターバブルやエコーチェンバーの影響を緩和し，多角的な情報を得るために有効な方法である。
　B　バイアスとは特定の情報への偏りや先入観のことを指す。そのため，バイアスを強化することはエコーチェンバーを起こしやすくしてしまう。
　C　ブラウザの検索履歴であるCookieを消すことで，検索結果の偏りを一部解消することにつながる。
　D　ウイルス対策ソフトを最新版にすることはセキュリティ対策としては大切なことであるが，それをしたからといって，フィルターバブルやエコーチェンバーの影響を減らす対策にはならない。このことからBとDが正しくない組合せである。

問4　[エ]　③，[オ]　①が正解。
[エ]
⓪　SNSを見ると答えた割合は低かったが，娯楽に集中していることにはならない。
①　「ニュースサイト・アプリから自分におすすめされる情報を見る」という回答をする割合は高いが，提案されている情報に対して従順さが高いとは言えない。
②　「特定の情報サイトからのみ情報収集をおこなっている(知らないサイトは使わない)」と回答する割合が低く，情報過多になっているとはいいがたい。
③　「複数の情報源の情報を比較する」と回答する割合が低いのは，情報源を確認する人が少ない表れであり，情報源を疑っている概念を持った人が少ないことが分かる。

— 21 —

オ

　メディアリテラシーとはマスメディアから受ける情報の真偽や意図を判断し，活用する能力のことである。ここでは，メディアから受ける情報の真偽や意図を判断して活用できる能力の高い人は，偽情報に気がつきやすくなるという文脈である。
⓪　サイレンデジタルリテラシーという言葉はない。
②　クリティカルシンキングとは批判的思考法の一つで，「現状の課題は何か」について，その事象を「批判的」に捉えて，「本質的な課題は何」で，それに対する「仮説は何か」などを網羅的に，かつ深く考え抜く方法のことである。
③　ネットリテラシーはコンピュータやインターネットの仕組み，モラルに関する知識や能力を指す言葉である。

問5　カ　⓪が正解。
⓪　情報源のスポンサーを確認することで，情報発信の意図が分かり，信頼度の評価に役立つ。
①　調べたページにリンクされている情報では，情報発信者が選んだ情報になるため信頼性を図れない。
②　フィルターバブル内にあった場合には再度検索した結果も似たような内容が返される恐れがあるため，信頼性の評価はできない。
③　速読とは速く読む技術であるため，情報の信頼性は図れない。

第2問A　情報デザイン

【出題のねらい】
　情報デザイン分野の思考力を問う問題を出題した。カラーユニバーサルデザインやカラーバリアフリーの考え方や，データを可視化する場合に適切なグラフの種類の選択など，具体的な場面を想定した。

【設問別解説】
問1　ア　④，イ　⓪，ウ　②が正解。
　各選択肢の意味は以下の通りである。
⓪　カラーユニバーサルデザインは，多様な色覚を持つさまざまな人に配慮して，全ての人に情報が正確に伝わるように配慮したデザインのこと。
①　カラーバリアフリーは，標識や信号等の色の利用において色覚障害者に対応した色使いや識別できる対応をすること。
②　書体(フォント)は，一貫したデザインで表現された字形のこと。
③　行間は，文章の行と行との間のこと。
④　抽象化は，余分な情報をできるだけ除いて要点を直感的に表現することである。標識は余分な情報を取り除き要点を図で表現しているものもある。
⑤　構造化は，情報をある基準に沿って整理すること。
⑥　可視化は，データを表やグラフ，図解などの方法で分かりやすく表現すること。

ア　④抽象化が適当である。④抽象化は，余分な情報をできるだけ除いて要点を直感的に表現することである。標識は余分な情報を取り除き要点を図で表現しているものであるから，この選択肢が適当である。

イ　⓪カラーユニバーサルデザインが適当である。「色覚にも個人差があり(中略)色を識別できる」とある。すべての人が色の識別をできるようにすることを述べている。よって，この選択肢が適当である。

ウ　②書体(フォント)が適当である。デザインする際は，目的にあう書体を選択する必要がある。

問2　エ　②，オ　⓪，カ　③が正解。

　エ　②が適当である。レポートとしてデータを構造化しながらまとめている。見出しになるべきデザインを選択する必要がある。⓪は本文と同じであり適当ではない。①は文字が本文より小さいため適当ではない。③は書体が読みにくく文字も小さいため適当ではない。②は文字の大きさや書体が太く強調されていることから，選択肢の中では一番見出しとして認識がしやすい。

　オ　⓪が適当である。アイスクリームの売り上げデータをグラフ化したものが入る。ここで扱うグラフは，値の「推移」を示すグラフである。⓪折れ線グラフは，時間軸に沿った要素の変化を示すときに有効である。よって，このデータを示すグラフとして適当であると考えることができる。①積上げ棒グラフと④棒グラフは，要素の大きさを示したいときに有効であるので適当ではない。②と③円グラフは，少数の要素における割合を示すときに有効であるので適当ではない。⑤レーダーチャートは，標準値に対する差異を複数の観点で示したいときに有効であるので適当ではない。

　カ　③が適当である。2022年度のアイスクリームの種類別の内訳をグラフ化したものが入る。この箇所は種類別の内訳を示すグラフであることから⓪，①，④，⑤は適当ではない（各グラフの特徴は，前の解説を参照）。②と③の円グラフでは，②は年での内訳をグラフにしており適当ではない。③の円グラフは種類別のグラフでになっていることから，③の円グラフが適当であると考えることができる。

問3　キ　①，ク　⓪が正解。

　キ　①が適当である。「幅広い人々が使えるかどうかを考える」ことを示す用語が入る。⓪ユーザビリティは，情報にたどりつくまでの過程で利用者にとって使いやすいか，分かりやすいかどうかの尺度のことで，適当ではない。①アクセシビリティは，多くの人が必要な情報やサービスなどを使えるかどうかの尺度のことで，適当である。②アフォーダンスは，モノと人の動作との関連性のことをいう。例えばドアノブの形状を見て，行動が決まるようデザインで誘導することで，適当ではない。③バリアフリーは，多様な人が社会に参加する上での障壁（バリア）をなくすことで，適当ではない。④フォルトトレランスは，故障しても予備の系統に切り替えるなどして機能を保ち，稼動を続行できることで，適当ではない。⑤シグニファイアは，正しい行動につなげるためのヒントになるもののことで，適当ではない。補足として，シグニファイアの例を挙げると，ゴミ箱の投入口の形状で，円の形状の投入口にしておけば，ペットボトルや缶を捨てるという行動のヒントになる。このときの，投入口の形状がシグニファイアといえる。

　ク　⓪が適当である。「利用者にとって使いやすいか，分かりやすいかを考える」ことを示す用語が入る⓪ユーザビリティは，情報にたどりつくまでの過程で利用者にとって使いやすいか，分かりやすいかどうかの尺度のことで，適当である。各選択肢の意味は，前の解説を参照のこと。

第2問B　プログラミング

【出題のねらい】

　プログラムの要件を整理しアルゴリズムを組み立てる問題を出題した。再帰関数や関数の引数，2次元配列の考え方など必要な知識を問いながら，定義された要件を満たすアルゴリズムを検討し，プログラムで表現する力を問う問題を出題した。

【設問別解説】

問1　ケ　①，コ　③，サ　⓪が正解。

　会話文からプログラムの仕様を読み取り，フローチャートに整理していく問題である。2次元の配列を用意し，手持ちのコップの数を1次元目の添え字とし，2次元目の添え字で「手持ちのコップで作れる段数」と「タワーを作るのに必要なコップの個数」を扱う。この配列には，あらかじめ必要なデータを

格納している仕様である。例えば，10個のコップがある場合，`list[10][0]`で「手持ちのコップで作れる段数」，`list[10][1]`で「タワーを作るのに必要なコップの個数」のデータを取り出すことができる。

ケ ①が適当である。会話文から処理の流れを整理する。2次元配列から与えられた手持ちのコップの総数に対応するデータを読み出す。作れるタワーの段数を変数 `dansuu` に格納し，タワーを作るのに必要なコップの個数を変数 `must_num` に格納する。そして，「手持ちのコップの数」から「タワーを作るのに必要なコップの個数」を引いて余るコップの数を計算し変数 `nokori_num` に格納する。その後，与えられたコップの数から作ることができるタワーの段数を表示することになる。作れるタワーの段数は，変数 `dansuu` に格納している。

コ ③が適当である。最初は手持ちのコップの総数で，作ることができるタワーの段数と必要なコップの数を関数「`tower_dansuu`」で調べた。コップの残りがある場合は，残りのコップの数でタワーができないかを調べる必要がある。ここでは，コップの残りがあるかを判定する必要がある。よって，余るコップの数は変数 `nokori_num` にて取り扱い，変数 `nokori_num` が 0 より大きいかを判定する必要がある。

サ ⓪が適当である。余るコップの数(変数 `nokori_num`)が 0 より大きいとき，残っているコップで作れるタワーを調べる。具体的には，関数「`tower_dansuu`」の処理の中で再び関数「`tower_dansuu`」を呼び出す処理になる。そのため，関数「`tower_dansuu`」は再帰関数で設計する。再起関数は，関数内から自らの関数を呼び出すことができる関数のことである。

問2　**シ** ②，**ス** ①，**セ** ⓪，**ソ** ①が正解。

シ ②が適当である。残りのコップの数が 0 ではない時は，残りのコップの数でできるタワーの段数を計算する。よって，再帰関数である「`tower_dansuu`」の引数として，残りのコップの数(`nokori_num`)を使用することになる。また，**ス** はプログラムのスタートになる部分で，最初に関数「`tower_dansuu`」を実行する箇所である。最初はコップの総数を関数「`tower_dansuu`」の引数に設定する。

セ ⓪が適当である。2次元配列からコップタワーの段数を取得するプログラム箇所になる。会話文から2次元配列の添字の扱いは，手持ちのコップの数を1次元目の添え字として扱い，2次元目の添え字で「手持ちのコップで作れる段数」と「タワーを作るのに必要なコップの個数」を扱うと整理されている。具体例は，問1の解説を参照。

ソ ①が適当である。2次元配列から組み立て可能なコップタワーに必要なコップの数を取得するプログラム箇所になる。会話文から2次元配列の添字の扱いは，手持ちのコップの数を1次元目の添え字として扱い，2次元目の添え字で「手持ちのコップで作れる段数」と「タワーを作るのに必要なコップの個数」を扱うと整理されている。具体例は，問1の解説を参照。

第3問　コンピュータとプログラミング

【出題のねらい】

説明文の情報を正しく読み取り，正しい答えを考える問題である。○×ゲームをプログラミングするにあたって，盤面の設定と自分と相手を交互に○×を設定していく過程で2次元配列などの知識を問いつつ，アルゴリズムを考えさせる問題となっている。

【設問別解説】

問1　**ア** ②が正解。

【プログラム1】の2行目から6行目までは配列 `retu` を表示させるプログラムである。また，7行目から9行目までは配列 `retu` を初期化し，10, 11行目で表示しているプログラムである。

そのことは，問題文に書いてある「ゲームを続けて行えるよう作るには，「盤面を初期化する」と「現

状の盤面を表示する」という機能は何回も使用するプログラムであった。そこで,【プログラム 1】の 2 行目から 5 行目までを引数は 1 つの「盤面表示」とし,7 行目から 9 行目までを引数なしで 2 次元配列を返す「盤面初期化」という関数として定義することとした。」からも読み取れる。

そのため,最初に代入された 0 が表示された後に,■と初期化された盤面が表示されている②が正解である。

問 2　イ ⑤,ウ ⑥,エ ②,オ ③,カ ⑤ が正解。

【プログラム 2】から流れを考えていく。それぞれの変数に代入が終了した後の イ では,盤面の初期化を行う。

ウ では,9 が代入された時の処理として,break 構文で終了できる処理が入っている。

エ では,0-2 以外が入力された時用の処理が入る。

オ では,選んだ 2 次元配列をもとに既に誰かが入力しているかの処理を分岐させている。

カ では,勝負がついた後,もう 1 度○×ゲームを再開できるようにするための盤面初期化の処理を入れている。

問 3　キ ⑨,ク ⑧,ケ ⑤,コ ⑦,サ ①,シ ② が正解。

以下プログラム参照

【プログラム 2】の正解一覧

```
(1)   teban = "○"
(2)   retu = [[0, 0, 0], [0, 0, 0], [0, 0, 0]]
(3)   r = 0, c = 0
(4)   retu = 盤面初期化()
(5)   r != 9 or c != 9 の間繰り返す:
(6)   │   盤面表示(retu)
(7)   │   表示する("行と列の番号を 0, 1, 2 で入力してください。終わりたい時は 9 と入力します")
(8)   │   表示する("行番号")
(9)   │   r = 整数【外部からの入力】
(10)  │   表示する("列番号")
(11)  │   c = 整数【外部からの入力】
(12)  │   もし r == 9 or c == 9 ならば:
(13)  │   │   表示する("終わります")
(14)  │   └   break                    #break:繰り返しの処理を終える意味
(15)  │   もし r != 0 and r != 1 and r != 2 ならば:
(16)  │   └   表示する("行番号が正しくありません。0〜2 で入力してください")
(17)  │   そうでなくもし c != 0 and c != 1 and c != 2 ならば:
(18)  │   └   表示する("列番号が正しくありません。0〜2 で入力してください")
(19)  │   そうでなくもし retu[r][c] != "■" ならば:
(20)  │   └   表示する("既に入力されています。他のところを選んでください")
(21)  │   そうでなければ:
(22)  │   │   retu[r][c] = teban
(23)  │   │   もし 勝負判定(retu, teban) が True ならば:
(24)  │   │   │   盤面表示(retu)
```

(25)		表示する(**teban**, "の勝ち")
(26)		**retu** = 盤面初期化()
(27)		そうでなくもし引き分け(**retu**)が **True** ならば：
(28)		盤面表示(**retu**)
(29)		表示する("引き分け")
(30)		**retu** = 盤面初期化()
(31)		もし **teban** == "○"ならば：
(32)		**teban** = "×"
(33)		そうでなければ：
(34)		**teban** = "○"

＜プログラム2を python で実装したサンプル＞

```
# プログラム2の関数部分
def print_board(retu):
  for i in range(3):
    for j in range(3):
      print(retu[i][j], end = " ")
    print()
  print()

def in_board():
  for i in range(3):
    for j in range(3):
      retu[i][j] = "■"
  return retu

def win(retu, teban):
  #yoko check
  for r in range(3):
    if(retu[r][0] == teban) and (retu[r][1] == teban) and (retu[r][2] == teban):
      return True
  #tate check
  for c in range(3):
    if(retu[0][c] == teban) and (retu[1][c] == teban) and (retu[2][c] == teban):
      return True
  #left naname check
  if(retu[0][0] == teban) and (retu[1][1] == teban) and (retu[2][2] == teban):
      return True
  #right naname check
  if(retu[2][0] == teban) and (retu[1][1] == teban) and (retu[0][2] == teban):
      return True
  return False
```

```
def end_check(retu):
  # すべて埋まってるかチェック
  for r in range(3):
    for c in range(3):
      if(retu[r][c] == "■"):
        return False
  return True
```

第4問　データの活用

【出題のねらい】
　オープンデータ(国勢調査)より，核家族世帯や単独世帯の実数や割合についてまとめた表やグラフから読み取る力を問う。また，相関係数や四分位範囲，尺度水準についての理解度も確認する。

【設問別解説】
問1　ア　②，イ　③が正解。

ア
⓪　適当でない。表1・図1-1より，核家族世帯数は，1995年から2020年にかけて上昇している。
①　適当でない。表1・図1-1より，単独世帯数は，1995年から2020年にかけて上昇しているが，表1・図1-1だけの情報で，今後も必ず増加することまで断言することはできない。
②　適当。表1・図1-1より，核家族世帯数と単独世帯数の差は年々少なくなってきていることが分かる。
③　適当でない。図1-1より，核家族世帯数と単独世帯数いずれの折れ線グラフも，傾きは一定ではないことから，変化率が一定であるとはいえない。

イ
⓪　適当でない。表1・図1-2の情報だけでは，核家族世帯割合の減少理由を把握することはできない。
①　適当でない。表1・図1-2より，1995年から2020年の単独世帯割合は増加し続けていることが分かるが，この後の推移は，表1や図1-2からは推測できない。
②　適当でない。図1-2より，核家族世帯割合と単独世帯割合の差は，1995年が一番大きいことが分かるが，過去の実際のデータは推測できない。
③　適当。図1-2の推移より，核家族世帯割合の減少幅よりも，単独世帯割合の上昇幅の方が大きいことが分かる。

問2 ウ ①が正解。
箱ひげ図の読み取り方は以下の通りである。

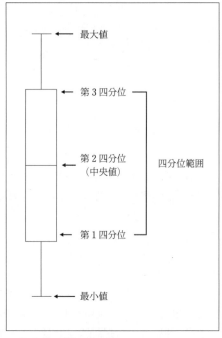

⓪ 適当でない。図 2-1 より，最大値は常に同じ値ではないことが分かる。
① 適当。データの散らばりが大きくなると，分散も大きくなる。図 2-2 の●印の分布から，散らばりが最も大きいのは 2020 年であり，分散は 2020 年が最も大きくなる。
② 適当でない。箱ひげ図から平均値を算出することはできない。
③ 適当でない。四分位範囲は第 1 四分位数と第 3 四分位数の間の範囲をさし，箱ひげ図では箱の長さに該当する。四分位範囲は，箱の長さが長いほど大きくなり，図 2-2 よりも図 2-1 のほうが四分位範囲は大きいといえる。

問3 エ ③が正解。
⓪ 適当でない。中央値はデータを小さい順に並べたときに，ちょうど中央に存在するデータであり，得られたデータ群の値によって決まる。したがって，百分率で表されるデータ群であっても，中央値は 50 とは限らない。
① 適当でない。四分位範囲は第 1 四分位数と第 3 四分位数の間の範囲をさす。データを小さい順に並べたとき，第 1 四分位は先頭から 4 分の 1 に位置するデータであり，第 3 四分位は先頭から 4 分の 3 に位置するデータである。選択肢 1 と同様，得られたデータによってこれらの値は決定されるため，百分率で表されるデータ群でも，四分位範囲は 25〜75 であるとは限らない。
② 適当でない。各世帯数での外れ値が，それぞれの世帯割合の外れ値になるとは限らないため，除外するべきではない。
③ 適当。各世帯数の数値と，それぞれの世帯割合の数値が対応づけられるとは限らない。

問4 オ ③が正解。
相関係数は，−1 から 1 の間をとる。絶対値が正の場合は正の相関（一方が増加すると他方も増加する），負の場合は負の相関（一方が増加すると他方は減少する）となる。絶対値が 1 に近づくほど相関関係が強くなり，0 の付近では相関関係がないといえる。

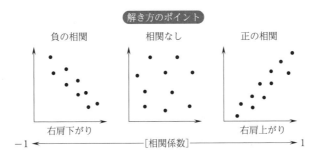

（出典：トライイット「正負の相関」と「相関係数」による）

⓪ 適当でない。図3-1より，核家族世帯数と単独世帯数には，直線的な関係があると読むことができるので，相関係数は 0 ではないことが分かる。

① 適当でない。図3-1より，核家族世帯数と単独世帯数には，一方が増加すると他方が増加するという，正の直線的な関係があると考えられるので，相関係数は負の値ではなく，正の値になると考えられる。

② 適当でない。相関係数の値は絶対値が大きくなると，相関の強さは強くなる。最も右上の点を除外した場合，相関係数はより強い直線的な関係を示すため，相関係数は大きくなる。

③ 適当。選択肢②の解説の通り，最も右上の点を除外した場合，相関係数はより強い直線的な関係を示すため，相関係数は大きくなる。

問5　カ　①が正解。

⓪ 適当でない。図3-2より，核家族世帯割合は，50％を超えた座標上に分布していることが分かる。

① 適当。図3-2より，単独世帯割合の最大値はおよそ50％の座標上に位置していることが分かる。

② 適当でない。図3-2より，核家族世帯割合と単独世帯割合は1か所に集中して分布しており，核家族世帯割合と単独世帯割合に直線的な関係は見られない。

③ 適当でない。選択肢②と同様，図3-2より，核家族世帯割合と単独世帯割合は1か所に集中して分布しており，曲線的な関係があるとはいえない。

問6　キ　②が正解。

⓪ 適当でない。割合の差について，2020年の値が2015年の値より上昇すると，その値は正の値となる。図4-1の度数分布を見ると，負の値に度数が偏っている。したがって核家族世帯割合は，2015年より2020年で減少した都道府県の方が，増加した都道府県より多いといえる。

① 適当でない。図4-1のヒストグラムから，平均値の時系列推移を確認することはできない。

② 適当。選択肢⓪と同様，割合の差について，2020年の値が2015年の値より上昇すると，その値は正の値となる。図4-2より，単身世帯割合差が正の値に分布していることや，表2より，最大値や最小値が正の値であることから，単身世帯割合差はどの都道府県でも2015年より2020年で増加していることが分かる。

③ 適当でない。図4-2のヒストグラムから，中央値の時系列推移を確認することはできない。

問7　ク　⓪，ケ　②，コ　③が正解。

ク

データは，その特性によって「量的データ」と「質的データ」二つの種類に分けることができる。また，それぞれ2つずつ，計4つの尺度水準に分類することができる。

質的データ（数値で測定できないデータ）	名義尺度	分類や区別のために用いられる	性別（男性・女性） 血液型（A型・B型・O型・AB型）
	順序尺度	順序に意味があるが，その間隔は等しくない	満足度（1：不満～4：満足） スポーツの順位（1位・2位…）
量的データ（数値で表現されるデータ）	間隔尺度	データが等間隔に並んでおり，数量的な意味はあるが，比率には意味がない	気温・西暦
	比例尺度	数値の間隔や比率に意味がある	長さ・重さ

ここでは，各世帯割合の差について，「正の値」「負の値」と分類するものであるので，⓪「名義尺度」が正しい。

ケ

名義尺度は質的データの一つであり，数量的な意味を持たないデータである。データを度数でまとめる必要があるため，選択肢②が適当。まとめた度数について最頻値を求めることはできるが，平均値・中央値・分散値を求めることはできないため，選択肢⓪，①，③は適当でない。

尺度水準	最頻値	中央値	平均値
名義尺度	○	×	×
順序尺度	○	○	×
間隔尺度	○	○	○
比例尺度	○	○	○

コ

⓪ 適当でない。クロス集計表から因果関係を推定することはできない。
① 適当でない。クロス集計表から因果関係を推定することはできない。
② 適当でない。件数の少ない領域が最も割合の少ない領域となる。表5-2より，最も割合が少ないのは，核家族世帯数は減少したが，核家族世帯割合が増加した都道府県である。
③ 適当。件数の多い領域が最も割合の多い領域となる。したがって，表5-2より，核家族世帯数が増加し，核家族世帯割合が減少した都道府県の割合が最も多い。

第3回 解答・解説

(100点満点)

問題番号	設問	解答番号	正解	配点	自己採点
第1問	問1	ア	①	2	
	問2	イ	⓪	各2	
		ウ	①		
		エ	②		
		オ	③		
	問3	カ	⓪	2	
		キ	④	2	
		ク	③	2	
		ケ	②	2	
		コ	⑥	2	
第1問 自己採点小計				(20)	
第2問	問1	ア	①	3	
	問2	イ	②	3	
	問3	ウ	①	4	
	問4	エ	②	4	
	問5	オ	③	4	
		カ	③	4	
	問6	キ	②	4	
	問7	ク	③	4	
第2問 自己採点小計				(30)	

問題番号	設問	解答番号	正解	配点	自己採点
第3問	問1	ア	5	2*	
		イ	6		
		ウ	2	2*	
		エ	5		
	問2	オ	④	2	
		カ	⑤	2	
		キ	③	2	
		ク	⑦	2	
	問3	ケ	①	2	
		コ	②	2	
		サ	⑥	1	
	問4	シ	1	2*	
		ス	5		
		セ	0		
		ソ	0	2*	
		タ	4		
		チ	0		
		ツ	0	2*	
		テ	0		
		ト	0		
		ナ	1	2*	
		ニ	0		
		ヌ	0		
第3問 自己採点小計				(25)	

問題番号	設問	解答番号	正解	配点	自己採点
第4問	問1	ア	④	1	
		イ	②	1	
		ウ	⑤	1	
		エ	③	1	
		オ	④	1	
	問2	カ	⓪	2	
		キ	②	2	
		ク	③	2	
		ケ	⑤	2	
		コ	⓪	2	
		サ	③	2	
		シ	⑤	2	
		ス	⑦	2	
	問3	セ	①	2	
		ソ	②	2	
第4問 自己採点小計				(25)	
自己採点合計				(100)	

(注)
1 ＊は，全部正解の場合のみ点を与える。
2 －(ハイフン)でつながれた正解は，順序を問わない。

第1問　情報ネットワークとセキュリティ

【出題のねらい】
「フィッシング詐欺」メールを題材に，セキュリティに関する知識を問うとともに，具体的な例を用いて，セキュリティにおける安全性を判断する力を問う問題を出題した。

【設問別解説】
問1　ア　①が正解。
　⓪　適当でない。ワンクリック詐欺は，クリックによって請求画面が表示されるなどの詐欺のこと。
　①　適当である。フィッシング詐欺は，送信者などを詐称した偽の電子メールを送信し，その偽のメールから偽のホームページに接続させ重要な情報を盗み出す行為のこと。
　②　適当でない。スパイウェアは，PC内の個人情報やユーザーの行動を監視して，気づかないうちに外部に情報を送信するプログラムのこと。
　③　適当でない。キーロガーは，キーボードの入力を読み取り外部に送信するプログラムのこと。

問2　イ〜オ　⓪，①，②，③が正解。
　⓪　適当である。SPFという，ヘッダ情報にIPアドレスを元に，送信者情報のドメインが正規のものであるか検証できるようにする送信ドメイン認証の結果が残っている。Authentication-Resultsのspfがpermerrorとあり，正しい情報ではない個所があったことが示されている。このことから，偽装したメールだと決定するには決め手は欠くが，疑わしいことを示唆する情報と考えることができる。
　①　適当である。このメールはHTML形式で送られており，受信者がこのメールを表示すると，URLは本文に見えるように表示されることはなく，リンクとして認識される。アンカータグのhrefに設定されているURLが本物のURLに似ているが「.sagi.com」が付加され，違うURLになっている。リンク先のURLをHTMLソースなどで確認することで，詐欺サイトへの誘導かを確認できる。
　②　適当である。自分で自分に送った場合もこのようになるが，SMTPプロトコルによる送信の仕組み上，メール送信時に差出人情報を書き換えることは不可能ではない。
　③　適当である。詐欺メールの場合，実在しない住所を載せている場合や，日本語に慣れていない人が機械翻訳している文が使用されたり，修正が不完全で数字が使われるところに文字が使われていたりと不自然な点があったりする。
　④　適当でない。HTMLで送られてくるメールということだけで，詐欺に関連するメールとは言いきれない。
　⑤　適当でない。自分の下書きメールは，メールソフトで書いている途中のメールが保存されたもののことであるため，詐欺に関連するメールとは言いきれない。

問3　カ　⓪，キ　④，ク　③，ケ　②，コ　⑥が正解。
　端末の基本ソフトウェアは常に最新の状態にアップデートすることがセキュリティ対策では重要である。アップデートを行うと，ソフトウェアの不具合が修正される。アップデートせずに不具合がある状態でコンピュータを使うと，コンピュータウイルスに感染したり，サイバー攻撃を受けたりする可能性がある。そのため，ソフトウェアは最新の状態にアップデートすることが重要である。また，サイバー攻撃対策やコンピュータウイルス感染対策として，セキュリティ対策ソフトをインストールすることも有効である。さらに，ソフトウェアだけでなく，利用者として意識すべきこともある。IDやパスワードなど重要な情報を入力する際は，その通信が暗号化されているか，URLのスキーム名を確認することも重要である。そして，公共の場で使用する場合は，怪しいWi-Fiにはアクセスしない。また，多くの人が利用するパソコンでは，個人情報を入力しないなど細心の注意を払い，安全に活用することが求められる。

第2問　情報デザインとメディアの特性・情報のデジタル化

【出題のねらい】
「手順の説明」を様々なメディアで表現するという場面を題材に，メディアの特性や情報のデジタル化，メディアの特性や，身近な情報システムとその利用についての理解度を確認するとともに，情報デザインの観点から，受け手にとって分かりやすい情報の提示方法について考察する力を問う問題を出題した。

【設問別解説】
問1　ア　①が正解。
⓪　適当でない。HTML(Hyper Text Markup Language)とは，ウェブページを作成する際に用いられるマークアップ言語である。
①　適当。URL(Uniform Resource Locator)によって，インターネット上のファイルの位置を指し示すことができる。
②　適当でない。IPアドレスとは，ネットワークに接続された端末に割り振られた番号である。
③　適当でない。メールアドレスは，電子メールの受送信の際に必要となる。

問2　イ　②が正解。
⓪　適当でない。文書作成ソフトで作成されたコンテンツのみならず，あらゆる情報は，常に正しい内容ばかりであるとはかぎらない。
①　適当でない。デジタル化された情報は，容易に複製できる。
②　適当。動画データは，音声データと同様，再生開始位置を自由に決めることができる。
③　適当でない。デジタル化された情報は，消えずに残る残存性という特徴をもつ。

問3　ウ　⓪が正解。
　文字をデジタル化する際に，どの文字をどのような2進法表記に置き換えるかを定めた規則を文字コードという。代表的な文字コードとして，ASCII，Shift-JIS，Unicodeなどがある。同じ文字でも，文字コードにより対応する2進法表記が異なる。デジタル化した際に利用した文字コードとは異なる文字コードで元の文字に戻そうとすると，対応する文字が存在せず，正しく表示できない場合がある。以上より，⓪は適当な記述である。また，文字コードにより，デジタル化した際のビット数は異なり，データサイズが異なるため，①は適当な記述ではないことが分かる。
　動画の表現方法は静止画を連続提示すると動いているように見えることを利用したものであり，静止画1枚をフレームと呼んでいる。1秒間のフレーム数が多くなればなるほど，動きはよりなめらかに見える。また，1秒間に表示するフレーム数をフレームレート(fps：frames per second)と呼び，フレームのデータ量が同一である場合，動画のファイルサイズは【フレームのデータ量】×【フレームレート】×【秒数】で決定される。したがって，フレームのデータ量が小さければそれだけ，動画のデータ量も小さくなる。以上より，②と③は適当な記述である。

問4　エ　②が正解。
　クラウドサービスとは，ソフトウェアやファイルなどをネットワーク上に配置し，必要に応じ利用することのできるものである。ネットワーク環境が利用できれば，どのような端末でも利用できる。さらに自分の端末にダウンロードすることなく，ネットワーク上のソフトウェアやファイルにアクセスし利用することができる。ただし，セキュリティ面での脆弱性は存在するため対応策を講じなければならない。以上より，②が適当である。

問5　材料　オ　③が正解。
　下線部Dのけいさんの会話より，該当する選択肢を探していく。
　まず，けいさんの会話に，「分量も，材料との間にスペースを空けると，読み取りやすいね」とあり，この工夫をしているものは選択肢⓪，②，③である。①は，材料と分量の間にスペースがないため，適

— 35 —

当でない。
　また,「手順の「合わせ調味料」が,手順には書いていないね。「合わせ調味料」は,しょうゆ,酒,みりん,顆粒和風だしを合わせたものだから,材料にも「合わせ調味料」と書いて,必要な調味料がどこまでかが分かるように載せていこう。箇条書きにすると分かりやすいね。」という会話を満たしている選択肢は③となる。⓪は,「合わせ調味料」という記載がなく,どの材料が「合わせ調味料」の範囲かが不明確となるので不適当。また,②は,「合わせ調味料」とそれに該当する調味料が同レベルで表記されており,「合わせ調味料」として必要なものが把握しにくいため不適当。

手順 カ ③が正解。
　下線部Dより,「材料の切り方で手順を分けたり」とあるので,手順2「玉ねぎはくし切りで,お肉を一口大に切ります。」の工程を2つに分ける。この工夫をしているものは,選択肢①,②,③である。⓪はこの工夫がされておらず,適当ではない。
　また,「手順は,材料に書いてある名前を使って説明されているといいね」では,下記の2点を修正する。
・手順の「お肉」を,「豚肉」と表記する
・手順の「野菜」を,「じゃがいも・にんじん・玉ねぎ」と表記する
　この2つの修正を行っている選択肢は③である。選択肢⓪は,手順3で「お肉」,手順4で「野菜」となっており,材料で表記された材料名が使用されていないため不適当。同様に,選択肢①は,手順3,手順4で「お肉」,選択肢②は手順5で「野菜」となったままになっているので不適当である。
　以上の2点より,③が正しい選択肢である。

問6 キ ②が正解。
⓪　適当でない。全体の構成として,「タイトル」「材料」「手順」とし,「材料」を「手順」の前に配置した方がよい。この配置にすると,読み手は料理に必要なものを理解した上で,料理の手順を見ることができるので,より情報を整理して配置することができているといえる。
①　適当でない。それぞれの手順ごとに配置した方が,どのような切り方であるかが一目で理解しやすい。
②　適当。内容のかたまりを,線で囲い込むことにより,視覚的に情報のまとまりを把握することができる。
③　適当でない。「材料」「手順」は,フォントサイズや配色を工夫し,見出しであることを明確にすることで,読み手に内容の構造を理解しやすくすることができる。

問7 ク ③が正解。
⓪　適当でない。背景色に合わせ,読みやすい文字の配色を工夫するとよい。
①　適当でない。文字での補足をすることで,より分かりやすい説明ができる。
②　適当でない。各手順でどのような事をすれば良いかが分かるように,動画内で重要な要素を取り出し,適宜編集を行う。
③　適当。動画を編集する際に,音声や文字を付け加えることで,さらに内容の補足をすることができる。

第3問　コンピュータとプログラミング
【出題のねらい】
　文化祭の食販団体という高校生に取って身近なテーマからの出題。文章からどのようなプログラムを作りたいといっているか読み取る力とそれをプログラムに落とし込む思考力,またプログラムを読み取る知識を問う問題となっている。

問1 アイ 56, ウエ 25 が正解。

プログラム1の前提となる文章を読んでいく問題で，今回の購入制限の条件では牛乳は 5600 cc で，1回マフィンを作るにあたって牛乳は 100 cc であるから，作れるマフィンの回数は 56 回になる。

卵の視点では 25 回，牛乳の視点では 56 回作れることが分かった。材料の範囲内で作れるのは 25 回までとなり，それ以上になると卵が足りなくなることが分かる。そのため，答えは 25 である。

問2 オ ④, カ ⑤が正解。

問1の答えから導き出す問題。

オ, カ では，卵と牛乳それぞれでマフィンが最大何回作れるかを計算する式を入力する。文中に割り算をした商をそれぞれ代入すると記載があるので割り算は「÷」を使うのが正しい。「／」では，奇数個の時に代入される数値が小数点になってしまう。例えば，卵1個か2個という単位にしたいので，1.5個というのは困るということである。なので「／」ではなく「÷」がふさわしい。

キ ③が正解。

キ は卵と牛乳で作れる最大個数を比べ，もし キ なら max_count_m = m_count_m となる，つまりマフィンを作れる最大回数に牛乳から考えた回数である m_count_m を代入することになることから，m_count_m の方が少ない場合であることが分かる。そこで条件式としては，m_count_e >= m_count_m の③が正解となる。

ク ⑦が正解。

ク では，作れるマフィンの数を表示する。max_count_m にはマフィンを作れる回数が代入されているので，マフィンの個数が表示されるようにする。この材料の設定では，1回分で作れるのが8個分となっているので，max_count_m * 8 の⑦が正解となる。

＜参考：正解プログラムのpythonプログラム＞

```
#問1　マフィンは最大で何個作れる？
milk = 5600
egg = 50
m_egg = 2
m_milk = 100
max_count_m = 0

m_count_e = egg // m_egg
m_count_m = milk // m_milk
print(m_count_e, m_count_m)

if m_count_e >= m_count_m:
  max_count_m = m_count_m
else:
  max_count_m = m_count_e
print("マフィンの最大セット数は", max_count_m * 8)
```

問3 ケ ①, コ ②, サ ⑥が正解。
問4 シスセ 150, ソタチ 040, ツテト 000, ナニヌ 100 が正解。
このプログラムをグラフにすると以下のようになる。

マフィンの個数を1セット目から順に増やしながら売り上げの計算を解いていくと6セット目で減り始めることが分かる。

	マフィン1回分		マフィン5回分		マフィン6回分	
	マフィン	クレープ	マフィン	クレープ	マフィン	クレープ
牛乳	100	5500(11回分)	500	5100(10回分)	600	5000(10回分)
卵	2	48(24回分)	10	40(10回分)	12	32(8回分)
個数	8×1＝8	15×11＝165	8×5＝40	15×10＝150	8×6＝48	15×10＝150
値段	80	130	80	130	80	130
小計	640	21450	3200	19500	3840	15600
合計		22090		22700		19440

となることから，最大売上金額となるのは，クレープが150枚，マフィンが40個，その時の材料余りは牛乳が100cc，卵は0個となる。

このプログラムをグラフにすると以下のようになる。

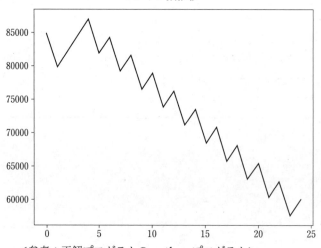

マフィン数推移

＜参考：正解プログラムのpythonプログラム＞

以下のプログラムを用いると最大売上金額となった時のマフィンとクレープの数や牛乳と卵の使用料も分かるようにプログラムは追記されている。

```
c_egg = 4
c_milk = 500
max_uriage = 0  #最大売上金額
tmp_uriage = 0  #一時的売上金額を保存するところ
max_m = 0  #マフィンの最大セット数
max_c = 0  #はクレープの最大セット数
count_c = 0  #クレープのカウンター

for n in range(1, max_count_m + 1):
    count1 = (milk - m_milk * n) // c_milk   #クレープの個数計算　牛乳編
```

— 38 —

```
    count2 = (egg - m_egg * n) // c_egg   #クレープの個数計算　卵編
    count_c = hikaku(count1, count2)

    tmp_uriage = 300 * n * 8 + 500 * count_c * 15

    if max_uriage < tmp_uriage:
      max_uriage = tmp_uriage
      max_m = n
      max_c = count_c

print("最大売上金額は", str(max_uriage))

print("マフィンの最大セット数は", str(max_m), "マフィンの最大数は", str(max_m * 8),
"使用する卵は", str(max_m * m_egg), "使用する牛乳は", str(max_m * m_milk))
print("クレープの最大セット数は", str(max_c), "クレープの最大数は", str(max_c * 15),
"使用する卵は", str(max_c * c_egg), "使用する牛乳は", str(max_c * c_milk))
print("卵は全部で", egg, "だったので，あまりが", str(egg - max_m * m_egg - max_c
* c_egg))
print("牛乳は全部で", milk, "だったので，あまりが", str(milk - max_m * m_milk -
max_c * c_milk))
```

第4問　情報ネットワークとデータ量

【出題のねらい】
　ネットワークを利用した情報システムを題材に，情報通信ネットワークの仕組み，およびデータ量と通信速度に関する知識を問うとともに，Webショップの例を用いて，システムの役割や流れを把握し，そのシステムの問題点を考察する力を問う問題を出題した。

【設問別解説】
問1　ア　④，イ　②，ウ　⑤，エ　③，オ　④が正解。
　シーケンス図を読み取り，システムの処理の流れをトレースする問題である。ユーザがWebページにアクセスすると，サーバが商品在庫確認をデータベースに行い，データベースは商品在庫情報をサーバにデータとして通知する。サーバでは，データベースから取得した商品在庫情報のデータから商品データのページを生成し，ユーザにページを表示する。
　ユーザは表示されたページから注文したい商品に対して注文を行う。ユーザが注文をおこなうと，サーバでは注文処理が実行される。サーバでは，注文内容を注文データとしてデータベースに記録し，ユーザに完了ページを表示する。よって，ア は④注文データ，イ は②データベース，ウ は⑤完了ページが適当である。
　発注処理では，倉庫端末からサーバに対して注文データの問い合わせをおこなう。サーバでは，データベースに注文データを問い合わせ，その結果を倉庫端末に送信する。よって，エ は③倉庫端末，オ は④注文データが適当である。

問2　カ　⓪，キ　②，ク　③，ケ　⑤，コ　⓪，サ　③，シ　⑤，ス　⑦が正解。
　カ～ケ：データの通信時間を求める問題である。データのサイズは「バイト」で扱われているが，通信速度は「ビット」で扱う。そのため，扱う単位を変換しながら計算する必要がある。データサ

イズ表から読み取ると，注文データは 50 キロバイトである。通信速度を計算するために「ビット」に単位を合わせる。1 バイト＝8 ビットであることから，データサイズ（バイト）に 8 をかけて単位を変換する。よって，カ は⓪ 50×1024，キ は② 8 が適当である。

送信データのサイズをビットに変換すると，(50×1024×8)＝409600 となる。よって，ク は③ 409,600 が適当である。

通信速度を計算する。式に当てはめると次のようになる。

$$(50 \times 1024 \times 8)/(1 \times 1024 \times 1024) = 0.39$$

よって，ケ は⑤ 0.39 が適当である。

コ～シ：カ～ケ を求めたことと同様の計算をおこなう。

$$30 \times 1024 \times 8 = 245760$$

$$(30 \times 1024 \times 8)/(1 \times 1024 \times 1024) = 0.23$$

よって，コ は⓪ 30×1024，サ は③ 245,760，シ は⑤ 0.23 が適当である。

ス：システムの処理速度の計算になる。ケ と シ で求めた通信時間に，データベースの処理速度を加算したものが処理時間となる。よって，⑦ 0.62 が適当である。

問3　セ ①，ソ ② が正解。

　同時に 2 人が同じ商品を閲覧し，その閲覧した商品は在庫が 1 つだったとする。商品の閲覧を開始した時には，在庫があるので商品を表示する。2 人とも注文処理をおこなった場合，注文データをデータベースに単純に記録する処理をおこない，在庫の確認処理をおこなわずに注文完了のページを表示していた。改善点はここにある。注文受け付け時にも，在庫を確認し，在庫がある場合に注文完了ページを表示する。在庫がなくなっていた場合は，売り切れページを表示するように改善する必要がある。よって，セ は①データベースに在庫，ソ は②売り切れページが適当である。

第4回 解答・解説

(100点満点)

問題番号	設問	解答番号	正解	配点	自己採点
第1問	A 問1	ア	②	3	
	A 問2	イ	③	2	
	A 問3	ウ	⓪	2	
	B 問1	エ	③	2	
	B 問1	オ	①	2	
	B 問2	カ	⓪	2	
	B 問2	キ	⑥	2	
	B 問3	ク	⑧	2	
	B 問3	ケ	①	3	
第1問 自己採点小計				(20)	
第2問	問1	ア	②	3	
	問1	イ	①	3	
	問1	ウ	⓪	3	
	問1	エ	③	3	
	問1	オ	④	3	
	問2	カ	④	3	
	問2	キ	①	3	
	問2	ク	⓪	3	
	問2	ケ	③	3	
	問3	コ	②	3	
第2問 自己採点小計				(30)	

問題番号	設問	解答番号	正解	配点	自己採点
第3問	問1	ア	①	1	
	問1	イ	⓪	1	
	問1	ウ	①	1	
	問1	エ	⓪	1	
	問1	オ	⓪	1	
	問1	カ	①	1	
	問1	キ	⓪	1	
	問1	ク	②	1	
	問1	ケ	①	1	
	問1	コ	④	1	
	問1	サ	⓪	1	
	問1	シ	①	1	
	問1	ス	②	1	
	問1	セ	③	1	
	問2	ソ	④	1	
	問2	タ	②	2	
	問2	チ	⓪	2	
	問2	ツ	②	2	
	問2	テ	③	2	
	問2	ト	⑤	2	
第3問 自己採点小計				(25)	

問題番号	設問	解答番号	正解	配点	自己採点
第4問	問1	ア	①	2	
	問2	イ	②	3	
	問3	ウ	⓪	3	
		エ	⓪	3	
		オ	②	3	
	問4	カ	②	3	
	問5	キ	③	4	
		ク	③	4	
第4問 自己採点小計				(25)	
自己採点合計				(100)	

第1問A　生成AIにまつわる著作権の法や制度

【出題のねらい】

令和5年6月に文化庁が公表した著作権セミナーの資料からの出題である。

問1は平成30年の法改正前に侵害とされることを問う思考問題，**問2**は法改正後の侵害となる項目についてを問う問題であるが，基本的には例外的事項を問う知識問題，**問3**は著作権にまつわる問題についての一般的な知識から考えることで求められる解決策を問う問題である。

出典：「令和5年度著作権セミナー著作権とAI（令和5年6月）文化庁著作権課」
https://www.bunka.go.jp/seisaku/chosakuken/pdf/93903601_01.pdf

【設問別解説】

問1　ア　②が正解。

著作権法改正前の複製権についてはオープンデータやパブリックドメインであれば，著作権侵害の恐れが少ないとなっていた。

そのほかは著作権侵害の恐れがあり，⓪複製権の侵害，②公衆送信権の侵害，③複製権の侵害となる。

改正前は原則として著作権者の許諾が必要である。

問2　イ　③が正解。

「類似性」や「依拠性」が認められる場合という前提がある場合であっても，「ただし，私的に鑑賞するため画像等を生成するといった行為（私的使用のための複製（法第30条第1項））や授業目的の複製（法第35条）等は，権利制限規定に該当し，著作権者の許諾なく行うことが可能である。」という文章が問題文に書いてある。選択肢の中から上記項目に当てはまるものを除外していく。

⓪　授業目的の複製（法第35条）

①②　（私的使用のための複製（法第30条第1項））で権利制限規定外となるため，著作権侵害とは扱われない。

③　高体連主催であっても基本的にコンクールや大会は，「授業目的の複製（法第35条）」の権利制限規定外になる。「類似性」や「依拠性」が認められる場合にAI生成物を利用すると著作権侵害にあたることになる。また，学習データが教科書に限定したとあるが，教科書には著作権の保護期間内のものも使われているため学習データとしても複製権の侵害にあたる可能性がある。

【資料からの補足説明】

「類似性」とは，「既存の他人の著作物と同一，又は類似している」（＝類似性がある）」というためには，他人の著作物の「表現上の本質的な特徴を直接感得できること」が必要とされている。

例1）　既存著作物との共通部分が「表現」か，あるいは「アイディア」や「単なる事実」か（例：既存著作物のストーリーが「等身大化した実験用動物が人間を手術する」といった過去に例のない独創的なもので，後発の作品でもそのストーリーが共通していたとしても，これは具体的な表現ではないアイディアであり，類似性は認められない）。

例2）　既存著作物との共通部分が「創作性」のある表現か，ありふれた表現か（例：「カエルを擬人化してイラスト化する」という場合に，「カエルの顔の輪郭を横長にすること」，「胴体を短くし，短い手足を付けること」，「目玉が丸く顔の輪郭から飛び出していること」といった要素は，誰でも行うようなありふれた表現であり，これらの点が共通していても類似性は認められない）。

「依拠」とは，「既存の著作物に接して，それを自己の作品の中に用いること」をいうとされている。

（依拠性があると考えられる例）

過去に目にした既存のイラストを参考に，これと類似するイラストを制作した場合。

既存の楽曲が広く知られた著名なものであり，これと類似する楽曲を制作した場合。

これに対して，既存の著作物を知らず，偶然に一致したに過ぎない，「独自創作」などの場合は，依

拠性はないと考えられる。

問3 ウ ⓪が正解。
⓪ フリー素材であっても，著作権は著作者や運営会社にあったり，近年は著作者の知らないところで勝手にフリー素材として登録され問題になったりしている。そのため，生成物によっては既存の著作物との類似性や依拠性が認められると著作権侵害となる恐れがある。
① 基本的には生成AIが作成した成果物をそのまま利用しない方がよい。
② 生成した結果，既存の著作物との類似性や依拠性についての確認を行った方がよい。
③ 生成AIをどのような状態で利用しようとしているか，対象となる法令を把握しておくことが大切である。例えば，作成した生成物をSNSに載せる場合には公衆送信権の侵害にあたらないか確認するとよい。

第1問B　コンピュータの構成要素
【出題のねらい】
　現在小中高等学校の多くで導入されている「micro:bit」を題材とした問題である。
　問1はコンピュータの構成要素について理解しているかを問う知識問題，問2はメモリの働きとネットワークの知識を要する思考問題，問3はCPUの処理速度の計算の思考問題である。
【設問別解説】
問1 エ ③，オ ①が正解。
　メモリはRAM，補助記憶装置はFlashROMにあたる。
問2 カ ⓪が正解。
　パソコン上のシミュレーターでは動作するが，プログラムをmicro:bitに書き込む際一時的に処理をするための記憶領域であるメモリが不足していると長いプログラムはエラーとなることがある。micro:bit V1.5の場合に，メモリは16 KBと小さくBluetooth機能であるBLEは小容量で実装できるものであるが，12 KBは必要であったことから，プログラムを少し追加しただけでもエラーとなることがあった。①，②，③の補助記憶装置やCPUの処理速度，OSの情報量は関係ない。
問3 キ ⑥，ク ⑧，ケ ①が正解。
　CPUの処理速度はSpeedのところに記載されている。1秒間の処理回数はHzで計る。
　64 MHz＝64,000,000 Hz, 16 MHz＝16,000,000 Hzであることから
　キ は，1秒間に16,000,000回処理していることになる。
　ク は，1秒間に64,000,000回処理していることになる。
　ケ は，64÷16＝4と計算でき，単純に処理速度は4倍速くなったといえる。

第2問　情報通信ネットワーク
【出題のねらい】
　情報通信ネットワークの仕組みに関する問題を出題した。インターネットではIPアドレスでコンピュータを特定し通信をおこなっている。ドメイン名やDNS，プロトコルスタックなどの知識を問うとともに，それらを応用して，パケットキャプチャを用いて，インターネットやLANの通信の仕組みやネットワークを構成する装置の役割を考察する力を問う問題を出題した。
問1 ア ②，イ ①，ウ ⓪，エ ③，オ ④が正解。
　 ア は②（ドメイン名）が適当である。インターネットはTCP/IPを利用して通信をおこなっている。通信する際は，IPアドレスを使用している。しかし，IPアドレスでは人間が扱い難いためURLを用いて，インターネット上のファイルの場所を示している。URLは，スキーム名，ドメイン名，ファ

イル名に分かれ，ドメイン名はトップドメイン，第2ドメイン，第3ドメインと階層構造になっている。このドメイン名がコンピュータの住所的な部分にあたる。

　　イ は①(IPアドレス)が適当である。TCP/IPによる通信では，IPアドレスを用いて通信をおこなっている。URLやドメイン名は，人間が扱いやすい表現である。

　　ウ は⓪(DNS)が適当である。ドメイン名からIPアドレスに変換するためには，DNSを利用する。DNSは，問い合わせたドメインに対応するIPアドレスを返答する。

　　エ は③(Webサーバ)が適当である。Webページに関するサービスを提供するコンピュータをWebサーバという。

　　オ は④(http)が適当である。選択肢の中で，Webページの取得に関するアプリケーション層のプロトコルはhttpとなる。暗号化された通信の場合は，httpsとなる。

問2　カ ④, キ ①, ク ⓪, ケ ③が適当である。

　TCP/IPの4層のプロトコルスタックについての問題である。TCP/IPの4層のプロトコルスタックは次のようになる。

　一番上(アプリケーション寄り)の層から，アプリケーション層 → トランスポート層 → インターネット層 → ネットワークインタフェース層となる。よって，カ は④(アプリケーション層)，キ は①(トランスポート層)，ク は⓪(インターネット層)，ケ は③(ネットワークインタフェース層)が適当である。

問3　コ ②が正解。

　インターネットを介してWebページを取得する通信の問題である。このケースでは，WebサーバにHTTPコマンドを送信する際，PC1が接続されているネットワーク内でのパケットについて注目している。インターネットでの通信をおこなう際は，TCP/IPプロトコルの4層モデルを意識する必要がある。IP層のIPヘッダでは，パケットを届ける宛先を解決するため，扱われる宛先アドレスはIPアドレスとなる。ネットワークインターフェース層のイーサヘッダでは，MACアドレス(物理アドレス)でパケットを扱い，自網内(自分のネットワーク内)の転送を行う。この問題で注目したパケットは，PC1が接続されているLAN内でやり取りされるパケットである。このLAN内の通信は，イーサヘッダを書き換えてパケットをルータに転送し，インターネットへパケットを送り出す段階である。よって，IPヘッダの宛先は，最終のコンピュータのIPアドレスが設定されるが，イーサヘッダはPC1が接続されたLANにあるルータのMACアドレスになる。よって，②((ア)と(イ)と(ウ)と(エ))が適当である。

第3問　アルゴリズムとプログラミング

【出題のねらい】

　「バーナム暗号」を例にアルゴリズムを読み解く力，プログラムとして表現する力を問う問題である。アルゴリズムを問題文から読み取り，プログラムで表現する思考，判断する問題と，論理ゲートの仕組みに関する知識を問う問題を出題した。

問1　ア ①, イ ⓪, ウ ①, エ ⓪, オ ⓪, カ ①, キ ⓪が正解。

　　ア ～ キ ：1000001と0010011の排他的論理和(xor)を計算し各桁を答える問題。排他的論理和の真理値表を参照すると答えが導き出せる。1000001と0010011の排他的論理和(xor)は1010010となる。

　　ク ②, ケ ①が正解。

　　ク ：文字O「1001111」と暗号鍵「0010011」の排他的論理和を求める。真理値表を参照し各桁を求める。よって，1011100となる。

第4回

- ケ ：文字K「1001011」と暗号鍵「0010011」の排他的論理和を求める。真理値表を参照し各桁を求める。よって，1011000となる。
- コ ④, サ ⓪, シ ①, ス ②, セ ③ が正解。
- コ ：平文を1文字ずつ暗号化することが会話文にあることから，この繰り返しは平文の文字数分の繰り返しであると考えることができる。よって，④ m_text の文字数が適当である。
- サ ：平文を1文字ずつ暗号化することが会話文にあることから，i番目の文字を取り出し，ASCIIコードに変換する処理であると考えることができる。よって，⓪ m_text のi番目の文字をASCII文字コードに変換した結果が適当である。
- シ ：暗号鍵と文字のコードとの排他的論理和を求める処理となる。よって，① m_text xor key が適当である。
- ス ：暗号化した文字をつなげて取り扱うため，変換した文字を取り扱う処理が必要となる。そのため，ここでは暗号化した文字を取り扱っている encrypted_char を追加する処理となる。よって，② encrypted_char が適当である。
- セ ：暗号化されたメッセージを表示する。暗号化されたメッセージは encrypted_text で扱っている。よって，③ encrypted_text が適当である。

問2 ソ ④, タ ② が正解。
- ソ ：フローチャートに従い必要な変数，処理を選んでいく問題である。繰り返しの回数の条件を選択する問題である。平文を1文字ずつ処理するという方針が会話文にあることから，繰り返す回数は平文の文字数分となる。よって，④ m_text の文字数が適当である。
- タ ：1文字ずつ取り出し処理をする部分になる。文字コードとして排他的論理和を求めるので，ここでは平文のi番目の文字の文字コードを取得する処理が必要となる。よって，②ASCII文字コード変換(m_text のi番目の文字)が適当である。

チ ⓪, ツ ②, テ ③, ト ⑤ が正解。
- チ ：暗号化した文字を求める処理である。よって，排他的論理和の関数を呼び出す必要がある。関数の使用方法の説明に従うと，⓪排他的論理和が適当である。
- ツ ： チ の続き。排他的論理和は平文の該当の文字コードと暗号鍵である。よって，引数の1つ目は，平文の文字コードである。よって，② m_char が適当である。
- テ ： ツ の続き。もう一つの引数は，暗号鍵が適当である。よって，③ key が適当である。
- ト ：最後に暗号化されたメッセージを表示する。プログラムでは，暗号化したメッセージを encrypted_text につなげる処理がある。よって，⑤ encrypted_text が適当である。

第4問　データの活用

【出題のねらい】

代表値に関する理解を確認し，ヒストグラムや散布図，回帰直線を読み取り，考察する力を問うとともに，パレート図(問2)やローレンツ曲線(問3)について，累積相対度数の算出方法やグラフ化の手順を読み取り，それが何を示しているのかを考える力を問う問題を出題した。

問1 ア ① が正解。
- ⓪ 適当でない。ヒストグラムが左右対称の山型であった場合，平均値はそのデータの代表値と見なすことができるが，外れ値や分布に偏りがある場合，それに影響される特徴がある。
- ① 適当。中央値はヒストグラムが左右非対称の場合であっても，外れ値の影響を受けにくく，代表値として見なすことができる。

② 適当でない。ヒストグラムで最小の度数を代表値として見なすことはできない。
③ 適当でない。分散とは，データの散らばりの度合いを見るものである。

問2 　イ　②が正解。

　パレート図は，降順に並べた棒グラフと，その数値の累積比率を表す折れ線グラフからなる複合グラフである。パレート図により，各項目がどれくらいの割合を示しているのかがわかりやすくなる。例えば下記の例では，一般食品類の販売金額が，全体の販売金額の30%を占めることが分かる。さらに，一般食品類と青果類の販売金額の合計は，全体の販売金額の約55%ほどを占めることも読み取れる。

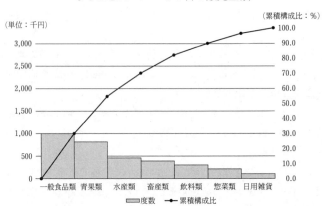

※仮想のデータを使用しています。

（出典：総務省統計局「なるほど統計学園」）

　図2では，各学校数の範囲にある都道府県数が全体のどの程度を占めているかを知ることができる。学校数が41～80校の都道府県数で，全体の都道府県数の約50%を占めることが読み取れるので，②が正解であり，③は誤り。学校数が21～40，81～100の都道府県では，全体の学校数の約20%を占めることも分かるので，⓪①は誤り。

問3 　ウ　⓪，エ　⓪，オ　②が正解。

　ローレンツ曲線は，分布の不均一さを検討するために使われ，所得や人口の偏りを見るときに使われることが多い。ローレンツ曲線を作成する際は，各階級の累積相対度数を横軸にとり，各階級に属する値の累積相対度数を縦軸にとる。例えば下記のグラフでは，高齢者世帯数，全世帯数ともに，25%の人の所得が，全体の所得の約10%を占めることを意味する。この分布が均一であるとき（つまり，二つの累積相対度数が，等しい値で対応しているとき），(0, 0)(1, 1)を通る直線となり，これを均等分布線と呼んでいる。

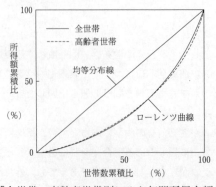

（出典：厚生労働省「全世帯－高齢者世帯別にみた年間所得金額の世帯分布のローレンツ曲線」）

本問においては，各階級の累積相対度数は，各学校数における都道府県数から求められる(表2)ものであり，各階級に属する値の累積相対度数は，各学校数の範囲に対する実際の高校数から求められる(表3)。

したがって，図3のローレンツ曲線は，都道府県に対する各学校数の分布の偏りを示したものであるので，ウ は ⓪ が正解。このグラフから，都道府県数の35%で，全国の約20%の学校数を占めていることも読み取れるので，エ は ⓪ が正解。都道府県に対する各学校数の分布の偏りが等しいとき，(0, 0)(1, 1)を通る直線となるので，オ は ② が正解。

問4 カ ② が正解。

散布図により，2変量の相関関係を検討することができる。直線的な相関関係が見られるとき，相関係数を算出して相関の強さを検討できる。相関係数は，絶対値が大きければそれだけ相関が強くなることを示すが，一方のデータ群だけの散らばりの大きさを示すものではない。したがって，② が正解。

問5 キ ③，ク ③ が正解。

除外されるデータは，それぞれ高校数の多い3校が対象となる。該当するデータを除外して回帰直線を引き直すと，いずれも傾きが大きくなる。同時に，相関係数の値も大きくなる。

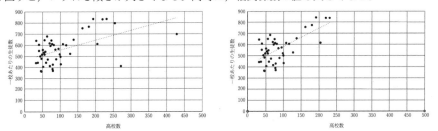

高校数の多い3校を除外した場合の回帰直線の比較(「高校数と一校あたりの生徒数」)

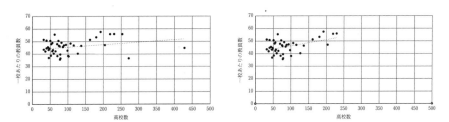

高校数の多い上位3つのデータを除外した場合の回帰直線の比較(「高校数と一校あたりの教員数」)

したがって，キ は ③，ク は ③ が正解。

MEMO

MEMO

MEMO

MEMO

MEMO

MEMO

MEMO